明文堂編輯部 校閱

詳密註釋 通鑑諺解

【卷之三】

明文堂

詳密註釋 通鑑諺解【卷之三】目次

謚法柔質慈民曰惠也

惠帝之意盖以謂身爲太后子而不能容父之寵姬是終不能治天下

(淫樂)書罔淫于樂

過也

(新增)司

漢紀

孝惠皇帝 (名盈高祖長子) 在位七年 壽二十四 (是時海內得離戰爭之苦惠帝拱己而天下晏然可謂寬仁之)

(主遭呂太后虧損至德悲夫)

(丁未)元年이라 太后ㅣ酖殺趙王ᄒᆞ고 (酖音鴆々鳥以羽畫酒中飲之立死) 遂斷戚夫人手足ᄒᆞ고 去眼煇耳ᄒᆞ고 (煇許云反以藥熏之令其聾) 飮瘖藥ᄒᆞ야 (瘖於今反不能言也) 使居厠中ᄒᆞ고 號曰人彘라ᄒᆞ더니 居數日에 乃召帝觀人彘ᄒᆞᆫ대 帝ㅣ見問ᄒᆞ야 知其爲戚夫人ᄒᆞ고 乃大哭ᄒᆞ야 因病歲餘에 不能起ᄒᆞ고 使人請太后曰此ᄂᆞᆫ 非人所爲ㅣ로소이다 臣이 爲太后子ᄒᆞ야 終不能治天下ㅣ라ᄒᆞ고 帝ㅣ以此로 日飮爲淫樂ᄒᆞ야 不聽政이러라 (出史呂后紀)

元年이라太后ㅣ酖으로趙王을殺ᄒᆞ고드듸여戚夫人의手足을斷ᄒᆞ고眼을去ᄒᆞ며耳를煇ᄒᆞ고瘖藥을飮ᄒᆞ야ᄒᆞ야곰厠中에居ᄒᆞ게ᄒᆞ고號ᄒᆞ야曰人彘라ᄒᆞ더니居ᄒᆞᆫ

馬公曰爲人子者父母有過則諫々而不聽則號泣而隨之安有守高祖之業爲天下之主不忍母之殘酷遂棄國家而不恤縱酒色以傷生若孝惠者可謂篤於小仁而未知大義也

(酇文終侯)酇縣名文終諡侯爵也

지數日에이에帝를召ᄒᆞ야人彘를觀케ᄒᆞᆫᄃᆡ帝ㅣ見ᄒᆞ고問ᄒᆞ야그戚夫人됨을알고이에크게哭ᄒᆞ야因ᄒᆞ야病든지歲餘에能히起치못ᄒᆞ고人으로ᄒᆞ야곰太后를請ᄒᆞ야曰이ᄂᆞᆫ人의ᄒᆞᆯ바이아니로소이다臣이太后의子가되야맛ᄎᆞᆷᄂᆡ能히天下를治ᄒᆞᆯ슈업다ᄒᆞ고帝ㅣ이로써日로飮ᄒᆞ고樂을淫히ᄒᆞ야政을聽치아니ᄒᆞ더라

(戊申)二年이라 酇文終侯蕭何ㅣ 病이어늘 上이 親自臨視ᄒᆞ고 因問何曰君卽百歲後에 誰可代君者오 對曰知臣은 莫如主ㅣ니이다 帝曰曹參이 何如오 曰帝ㅣ得之矣로소이다 七月에 薨ᄒᆞ다 何ㅣ 置田宅에 必居窮僻處ᄒᆞ고 爲家에 不治垣屋曰後世ㅣ 賢이면 師吾儉이오 不賢이라도 毋爲勢家所奪이라ᄒᆞ더라 (出蕭相國世家)

二年이라酇文終侯蕭何ㅣ病드럿거ᄂᆞᆯ上이親히ᄉᆞᄉᆞ로臨ᄒᆞ야視ᄒᆞ고因ᄒᆞ야무러曰君이곳百歲後에누가可히君을代ᄒᆞᆯ者인고對ᄒᆞ야曰臣을知ᄒᆞ기ᄂᆞᆫ主만갓흐니업ᄂᆞ이다帝ㅣ曰曹參이엇더ᄒᆞᆫ고曰帝ㅣ得ᄒᆞ얏ᄂᆞ이다七月에薨ᄒᆞ다何가田宅을置ᄒᆞᆷ의반다시窮僻ᄒᆞᆫ處에居ᄒᆞ고家를ᄒᆞᆷ의垣과屋을治치안코曰後世ㅣ賢ᄒᆞ면吾에儉을師ᄒᆞᆯ것이오賢치안더라도勢家의奪ᄒᆞᆯ바이毋ᄒᆞ다ᄒᆞ더라

(無何)猶言無幾謂小時也

(推賢)推擧以爲賢也

曹參이聞何薨ᄒᆞ고告舍人ᄒᆞ되趣治行ᄒᆞ라吾將入相ᄒᆞ리라ᄒᆞ더니居無何에使者ㅣ果召參이러라

曹參이何가薨ᄒᆞᆷ을듯고舍人에게告호ᄃᆡᄲᆞᆯ니行을治ᄒᆞ라吾ㅣ쟝ᄎᆞᆺ드러가相호리라ᄒᆞ더니얼마아니되야使者ㅣ과연參을召ᄒᆞ더라

始參이微時에與蕭何로善이라가及爲將相에有隙이러니至何且死에所推賢이唯參이라參이代何爲相ᄒᆞ야擧事를無所變更ᄒᆞ야(擧凡也更平聲改也)壹遵何約束ᄒᆞ고擇郡國吏ㅣ訥於文辭(訥遲鈍也)重厚長者ᄒᆞ야卽召除爲丞相史ᄒᆞ고吏之言文刻深ᄒᆞ야(言文刻深謂持文法務於刻剝而深峻者)欲務聲名者를輒斥去之ᄒᆞ고見人有細過에專掩匿覆蓋之ᄒᆞ니府中이無事ᄒᆞ더라

비로소參이微ᄒᆞᆫ時에蕭何로더부러善ᄒᆞ다가밋將相이됨의隙이有ᄒᆞ더니何ㅣ且死ᄒᆞᆷ에至ᄒᆞ야賢을推ᄒᆞᆫ바ㅣ오쟉參이라參이何을代ᄒᆞ야相이되야모든事를變更ᄒᆞᆫ바이無ᄒᆞ야壹히何의約束을遵ᄒᆞ고郡國吏의文辭에訥ᄒᆞ고重厚ᄒᆞᆫ長者를擇ᄒᆞ야곳불너丞相史를除授ᄒᆞ고吏의文을言ᄒᆞ야각박ᄒᆞ고심졀ᄒᆞ야聲名을務코져ᄒᆞᄂᆞᆫ者를문득斥ᄒᆞ야去ᄒᆞ고人의細ᄒᆞᆫ過가有ᄒᆞᆷ을見ᄒᆞᆷ의젼혀가려숨기고덥허쥬니

(垂拱)垂衣拱手也

(乘)載也

府中이無事ᄒᆞ더라

帝ㅣ怪相國이不治事ᄒᆞᆫ대參이曰陛下ㅣ自察聖武ㅣ孰與高帝니잇고上이曰朕이安敢望先帝리오又曰陛下ㅣ觀臣能이孰與蕭何賢이니잇고上이曰君이似不及也니다參이曰陛下ㅣ言之是也로소이다高帝ㅣ與蕭何로定天下ᄒᆞ샤法令이既明ᄒᆞ니陛下ㅣ垂拱ᄒᆞ시고臣等이守職ᄒᆞ야遵而勿失이不亦可乎잇가帝ㅣ曰善다

帝ㅣ相國이事를治치아니홈을怪히여인되參이曰陛下ㅣ스스로聖武ㅣ察할진댄누가高帝와갓숩닛가上이曰朕이엇지敢히先帝를望ᄒᆞ리오ᄯᅩ曰陛下ㅣ觀하건대臣의能이누가蕭何의賢홈과갓ᄒᆞ니잇고上이曰君이及지못할것갓트니라參이曰陛下의言이올소이다高帝ㅣ蕭何로더부러天下를定ᄒᆞ샤法令이既明하니陛下ㅣ拱을垂ᄒᆞ시고參의等이職을守ᄒᆞ야遵ᄒᆞ야失치말미ᄯᅩᄒᆞᆫ可치안닝ᄒᆞ오니가帝曰善타

參이爲相國三年에百姓이歌之曰蕭何ㅣ爲法에較若畫一ᄒᆞ더니(校漢書作講較音校畫直也又訓明也言法明直若畫一也師古云講和也畫一整齊也)曹參이代之에守而勿失ᄒᆞ고載其淸淨ᄒᆞ니

(公主)天子之女曰公主

(褻嫚)凶奴傳遺高后書陛下獨居孤亦獨居兩主不樂無以自娛願以所有易其所無

(歌吟未絶)天下歌曰平城

民以寧壹이라ᄒᆞ더라 出史曹相國世家

參이相國된지三年에百姓이歌ᄒᆞ야曰蕭何ㅣ法을ᄒᆞᆷ의較ᄒᆞᆷ이一을畫ᄒᆞᆷ갓더니曹參이代ᄒᆞᆷ에守ᄒᆞ고失치아니ᄒᆞ야그淸ᄒᆞ고淨ᄒᆞᆷ을載ᄒᆞ니民이써寧ᄒᆞ고壹ᄒᆞ다ᄒᆞ더라

(己酉)三年이라以宗室女로爲公主ᄒᆞ야嫁凶奴冒頓單于ᄒᆞ다

三年이라宗室女로써公主을삼어凶奴冒頓單에게于嫁ᄒᆞ다

是時에冒頓이方彊ᄒᆞ야爲書遺高后호ᄃᆡ辭極褻嫚이어ᄂᆞᆯ高后ㅣ大怒ᄒᆞ야議斬其使者ᄒᆞ고發兵擊之ᄒᆞᆫᄃᆡ樊噲ㅣ曰臣이願得十萬衆ᄒᆞ야橫行凶奴中호리이다

이때에冒頓이바야흐로彊ᄒᆞ야書를하야高后에게遺호ᄃᆡ辭가극히褻ᄒᆞ고嫚ᄒᆞ거ᄂᆞᆯ高后ㅣ크게怒ᄒᆞ야그使者를斬ᄒᆞ고兵을發ᄒᆞ야擊ᄒᆞ기를議ᄒᆞᆫᄃᆡ樊噲ㅣ曰臣이願컨ᄃᆡ十萬衆을得ᄒᆞ야匈奴中에橫行호리이다

季布ㅣ曰噲를可斬也ㅣ니이다前에凶奴ㅣ圍高帝於平城이어ᄂᆞᆯ漢兵이三十萬이로ᄃᆡ噲爲上將軍ᄒᆞ야不能解圍러니今에歌吟之聲이未絶ᄒᆞ고

之下亦謂苦七日不食不能彀弩

(挾書律) 挾藏也秦律挾書者族

傷夷者ㅣ甫起어늘 傷金創也 夷亦傷也 而噲ㅣ妄言以十萬衆으로橫行이라ᄒᆞ니是는面謾也로소이다 謾欺詐也

季布ㅣ曰噲를可히斬ᄒᆞᆯ지니이다前에匈奴ㅣ高帝를平城에서圍ᄒᆞ거늘漢兵이三十萬이로ᄃᆡ噲가上將軍이되야能히圍를解치못ᄒᆞ더니今에歌吟의聲이絶치안ᄒᆞ고傷夷ᄒᆞᆫ者ㅣ겨오起ᄒᆞ얏거늘噲ㅣ妄히言ᄒᆞ야十萬衆으로써橫行ᄒᆞᆫ다ᄒᆞ니是는面으로謾ᄒᆞᆷ이로소이다

且夷狄은譬如禽獸라得其善言이라도不足喜오惡言이라도不足怒也ㅣ니이다高后ㅣ曰善타ᄒᆞ고報書호ᄃᆡ深自謙遜以謝之ᄒᆞ니冒頓이復使使來謝ᄒᆞ고因獻馬遂和親ᄒᆞ다 出漢書匈奴傳

또夷狄은譬컨ᄃᆡ禽獸와갓ᄒᆞᆫ지라그善言을得ᄒᆞ더라도足히喜ᄒᆞᆯ것이업고惡言이라도足히怒ᄒᆞᆯ것이업ᄂᆞ이다高后ㅣ曰善타ᄒᆞ고書를報호ᄃᆡ깁히스ᄉᆞ로謙遜ᄒᆞ야써謝ᄒᆞ니冒頓이다시使를부려來ᄒᆞ야謝ᄒᆞ고因ᄒᆞ야馬를獻ᄒᆞ고드ᄃᆡ여和親ᄒᆞ다

(庚戌)四年이라除挾書律ᄒᆞ다

四年이라挾書律를除ᄒᆞ다

(陳季雅)曰秦人重禁文學不得挾書無道極矣高祖入關約法三章悉除苛法而挾書之律獨承秦弊至惠帝始除是高祖惡聞詩書之習不減於秦也使入關之初或天下既平之日能弛此禁則遺書散漫往往復出孔壁雖壞而全書不亾然則高帝不事詩書其害乃甚於秦之焚棄也

(辛亥)五年이라秋에曹參이薨하다

五年이라秋에曹參이薨하다

(班固)贊曰蕭何曹參皆起秦刀筆吏當時碌碌未有奇節漢興依日月之末光何以謹信守管籥參與韓信俱征伐天下既定因民之疾秦法順流與之更始二人同心遂安海內淮陰鯨布等已滅惟何參擅功名位冠羣后聲施後世爲一代之宗臣慶流苗裔盛矣哉

以王陵으로爲右丞相하고陳平으로爲左丞相하고周勃로爲太尉하다 出陳平周勃傳

王陵으로써右丞相을삼고陳平으로左丞相을삼고周勃로大尉를삼다

(新增)陳季雅曰此便是用高帝臨崩之言也○置二相自此始

(癸丑)七年이라秋八月에帝ㅣ崩하니太后ㅣ臨朝稱制하다 (班固贊曰)孝惠內修親外禮宰相優寵齊悼趙恩敬篤矣聞叔孫通之諫則懼然納曹相國之對而心悅可謂寬仁之主遭呂太后虧損至德悲夫

(稱制)天子之言曰制太后行天子之事故曰稱制

高皇后 姓呂氏名雉 臨朝八年 臨朝稱制幾危劉氏

(甲寅)高皇后呂氏元年 冬에 太后ㅣ議欲立諸呂爲王ᄒᆞ야問右丞相陵ᄒᆞᆫ대 陵이曰高帝ㅣ刑白馬盟曰非劉氏而王이어든天下ㅣ共擊之ᄒᆞ라ᄒᆞ시니 今王呂氏ᄂᆞᆫ非約也로소이다 太后ㅣ不說ᄒᆞ야問左丞相平과 太尉勃ᄒᆞᆫ대 對曰高帝ㅣ定天下ᄒᆞ시고 王子弟ᄒᆞ시니 今에 太后ㅣ稱制에 王諸呂ㅣ無所不可ㅣ니이다 太后ㅣ喜ᄒᆞ더라

冬에太后ㅣ諸呂를立ᄒᆞ야王을삼고저ᄒᆞ야右丞相陵에게問ᄒᆞᆫ대陵이曰高帝ㅣ白馬를刑ᄒᆞ고盟ᄒᆞ야曰劉氏가아니고王ᄒᆞ거든天下ㅣᄒᆞᆫ가지擊ᄒᆞ라ᄒᆞ셧스니今에呂氏를王ᄒᆞᆷ은約이아니로소이다太后ㅣ說치아니ᄒᆞ야左承相平과太尉勃에게問ᄒᆞᆫ대對ᄒᆞ야曰高帝ㅣ天下를定ᄒᆞ시고子弟를王ᄒᆞ셧스니今에太后ㅣ制를稱ᄒᆞ심의諸呂를王ᄒᆞ심이可치아니ᄒᆞᆫ바이無ᄒᆞ니이다太后ㅣ喜ᄒᆞ더라

(新增)愚按綱目凡世統之年歲下大書非正統者兩行分與此固書法之正例也今呂氏臨朝天下亦合于一殆與東漢馬鄧無異初非戰國南北五代之比胡爲亦以分注書之尹氏曰嘗觀程子頤傳易於坤之六五有曰臣居尊位羿莽是也猶可言也婦居尊位

女媧氏武氏是也非常之變不可言也夫呂氏制朝雖取他人之子立之實非劉氏故綱目於此分注其年以著其實非正統且以示天下非常之變故特變例書之爲後世鑑爾凡此類皆綱目之大節書法之要旨君子之所當深察者也故剡於此書 一遵于朱子之意而訂正之耳

罷朝에 王陵이 讓陳平絳侯曰始與高帝로 唼血盟에 諸君이 不在邪아 今高帝崩에 太后ㅣ 欲王呂氏어늘 諸君이 縱欲阿意나 何面目으로 見高帝於地下乎아 陳平絳侯ㅣ 曰於今에 面折廷爭은 臣不如君이오 全社稷定劉氏後는 君亦不如臣이니이다 陵이 無以應이러라 出史記本紀

朝를罷ᄒᆞᆷ의王陵이陳平과絳侯를讓ᄒᆞ야曰비로소高帝로더부러血을唼ᄒᆞ고盟ᄒᆞᆷ의諸君이在치아니ᄒᆞ얏던가이제高帝ㅣ崩ᄒᆞᆷ의太后ㅣ呂氏를王코자ᄒᆞ거늘諸君이비록意를阿코져ᄒᆞ나무ᄉᆞᆫ面目으로高帝를地下에셔見ᄒᆞ랴陳平과絳侯ㅣ曰今에面으로折ᄒᆞ고廷에셔爭ᄒᆞᆷ은臣이君만갓지못ᄒᆞ고社稷을全히ᄒᆞ고劉氏後를定ᄒᆞᆷ은君이또臣만갓지못ᄒᆞ니라陵이써應ᄒᆞᆷ이無더라

(胡氏)管見曰自己然論之王陵不如平勃固也使太后未崩而平勃先死則如此言何

且平勃何以知己之死在太后之後而全社稷定劉氏之功可必也故愚亦謂其僥倖而已矣太后有議陵不可平又不可勃又不可將相大臣皆不可太后亦安能獨行其惠乎自是而後權歸呂氏地震山崩桃李冬華星辰晝見伊洛江漢洪水溢流萬數千計日食晝晦人謀不臧感動天地陰盛陽微漢祚幾易他日平勃安劉之功僅足以贖王諸呂之罪耳先賢論之云人臣之義當以王陵爲正至哉言乎

(庚申)高后七年 諸呂ㅣ擅權用事ᄒᆞ니 朱虛侯章이 忿劉氏不得職이러니 嘗入侍燕飮ᄒᆞᆯ서 章이 自請曰臣은 將種也라 請得以軍法으로 行酒ᄒᆞ리이다 頃之에 諸呂에 有一人이 醉亡酒어ᄂᆞᆯ 章이 追拔劒斬之ᄒᆞᆫ대 太后ㅣ 業已許其軍法이라 無以罪也러니 自後로 諸呂ㅣ 憚朱虛侯ᄒᆞ고 劉氏 爲益彊이러라 出史齊悼惠王世家

諸呂ㅣ權을擅ᄒᆞ야事를用ᄒᆞ니朱虛侯章이劉氏가職을得치못ᄒᆞᆷ을忿히여기더니일즉이드러가侍ᄒᆞ야燕에飮ᄒᆞᆯ서章이스ᄉᆞ로請ᄒᆞ야曰臣은將種이라청컨ᄃᆡ시러곰軍法으로써酒를行ᄒᆞ리이다얼마잇다가諸呂에一人이醉ᄒᆞ야酒에亡ᄒᆞ는이가有ᄒᆞ거ᄂᆞᆯ章이追ᄒᆞ야劒을拔ᄒᆞ야斬ᄒᆞᆫᄃᆡ太后ㅣ발셔임의그軍法을許ᄒᆞᆫ지라ᄡᅥ

(業已)已然曰業凡事已爲而未成曰業也

(深念)以國家不安故靜居獨念其方策 驩與歡通

(太后崩)初太后還過軹道見物如鬼打腋卜之云趙王如意爲祟因遂病腋傷病甚乃戒呂祿呂產曰我崩大臣爲變據兵權不爲人所制於是崩

罪홈이無ᄒ더니後로부터諸呂ㅣ朱虛侯를憚ᄒ고劉氏ㅣ더욱彊ᄒ더라

陳平이患諸呂를力不能制ᄒ고恐禍及己ᄒ야嘗燕居深念이러니陸賈ㅣ往ᄒ야直入坐曰天下ㅣ安이면注意相이오天下ㅣ危면注意將ᄒᄂ니將相이和調則士ㅣ豫附ᄒ고(豫素也)士ㅣ豫附則天下ㅣ雖有變이나權不分이니君은何不交驩太尉오平이用其計ᄒ야兩人이深相結ᄒ니呂氏謀ㅣ益衰러라

陳平이諸呂를力으로能히制치못홈을患ᄒ고禍가己에及홀가恐ᄒ야일즉이燕居ᄒ야갑히念ᄒ더니陸賈ㅣ往ᄒ야곳入坐ᄒ야曰天下ㅣ安이면意를相에게注ᄒ고天下ㅣ危면意를將에게注ᄒᄂ니將과相이和調ᄒ則士ㅣ본대附ᄒ고士ㅣ본대附ᄒ則天下ㅣ비록變이有ᄒ나權이分치안ᄂ니君은엇지ᄒ야太尉로交驩치안ᄂ고平이그計를用ᄒ야兩人이깁히서로結ᄒ니呂氏의謀ㅣ더욱衰ᄒ더라

(辛酉)高后八年秋七月에太后ㅣ崩ᄒ다(班固)贊曰孝惠高后時海內得離戰爭之苦君臣俱欲無爲故惠帝拱己高后女主制政不出房闥而天下晏然刑罰罕用民務稼穡衣食滋殖

秋七月에太后ㅣ崩ᄒ다

(呂祿呂產)皆后兄子 (袒)偏脫衣袖也 (紿說呂祿)平勃使人說祿曰高帝與呂后共定天下劉氏所立九主呂氏所立三王今太后崩帝少而足下不急之國乃將兵留此爲人所疑祿然其計從之

少帝弘梁王太淮陽武恒山朝

呂祿呂產이 欲作亂호대 憚絳侯朱虛等ᄒᆞ야 猶豫未決이러니 絳侯ㅣ
使酈寄로 紿說呂祿ᄒᆞ야 以兵으로 屬太尉ᄒᆞᆫ대(酈音歷) 太尉ㅣ 入軍門ᄒᆞ야 行令
曰爲呂氏어든 右袒ᄒᆞ고 爲劉氏어든 左袒ᄒᆞ라 軍中이 皆左袒이어늘 太尉ㅣ
遂將北軍分部ᄒᆞ고 悉捕諸呂ᄒᆞ야 男女를 無少長히 皆斬之ᄒᆞ다 (出史記呂后紀)

呂祿과呂産이亂을作코져호대絳侯와朱虛의等을憚ᄒᆞ야猶豫ᄒᆞ고決치못ᄒᆞ더니
絳侯ㅣ酈寄로ᄒᆞ야곰紿ᄒᆞ야呂祿을說ᄒᆞ야兵으로써太尉에게屬ᄒᆞᆫ대太尉ㅣ軍門
에入ᄒᆞ야令을行ᄒᆞ야曰呂氏를爲ᄒᆞ거든右로袒ᄒᆞ고劉氏를爲ᄒᆞ거든左로袒ᄒᆞ라
軍中이다左로袒ᄒᆞ거늘太尉ㅣ드듸여北軍을將ᄒᆞ야部를分ᄒᆞ고다諸呂를捕ᄒᆞ야
男女를少와長이업시다斬ᄒᆞ다

(胡氏)管見曰太尉此問非也有如軍士不應或皆右袒或參半焉則如之何故先賢謂
是時直當輸以大義率而用之爾況太尉己得北軍士卒固惟舊將之聽非惟不當問蓋
亦不必問也〇(新增養心吳氏)曰勃令軍中左右袒設使右袒其可己乎伊川先生
以爲此屬盡爲身謀非眞爲國家也

諸大臣이 相與謀曰少帝及梁淮陽恒山王이 皆非眞孝惠
子라ᄒᆞ야 乃使人으로 迎代王ᄒᆞᆫ듸 張武等議ㅣ 皆曰漢大臣이 皆故高

帝時將으로習兵事ᄒᆞ고多謀詐라今已誅諸呂ᄒᆞ고以迎大王으로爲名ᄒᆞᄂᆞ實不可信이니願稱疾無往ᄒᆞ야以觀其變ᄒᆞ소셔

諸大臣이셔로더부러謀ᄒᆞ야曰少帝와밋梁과淮陽과恒山王이다ᄎᆞᆷ으로孝惠의子가아니라ᄒᆞ야이에人으로ᄒᆞ야곰代王을迎ᄒᆞᆫᄃᆡ張武等의議ㅣ다ᄀᆞᆯ오ᄃᆡ漢大臣이다옛高帝의將으로兵事에習ᄒᆞ고謀詐가多ᄒᆞᆫ지라今에임의諸呂를誅ᄒᆞ고써大王을迎ᄒᆞᆷ으로名을ᄒᆞ나실상은可히信ᄒᆞᆯ슈업스니願컨ᄃᆡ疾을稱ᄒᆞ고往치마라써그變을觀ᄒᆞ쇼셔

中尉宋昌이進曰夫秦失其政에豪傑이並起ᄒᆞ야人人이自以爲得之者ㅣ以萬數ㅣ나然ㅣ나卒踐天子位者는劉氏也ㅣ니天下ㅣ絕望이一矣오高帝ㅣ王子弟ᄒᆞ야地ㅣ犬牙相制ᄒᆞ니（犬牙相制言封子弟其境土交接若犬牙不正相當而相銜入也）所謂磐石之宗也라（磐石之宗此語見太公六韜又荀子國富篇曰國安于磐石注磐固也國之安彊如磐踞之大石不可拔也）天下ㅣ服其疆이一矣오漢興에除秦煩苛ᄒᆞ고約法令施德惠ᄒᆞ야人人이自安ᄒᆞ니難動搖ㅣ三矣라夫以呂太后之嚴으로擅權專制ㅣ나然而太尉ㅣ

（宋昌）宋義之子也

（磐石）彙大石也

以一節로入北軍一呼에 士皆左袒ᄒᆞ야 爲劉氏畔諸呂ᄒᆞ야 卒以滅之ᄒᆞ니 此乃天授오 非人力也ㅣ니이라

中尉宋昌이進ᄒᆞ야曰무릇秦이그政을失ᄒᆞᆷ의豪傑이並起ᄒᆞ야人人이스ᄉᆞ로써得ᄒᆞᆫ다ᄒᆞᆫ者ㅣ萬으로써數ᄒᆞ나然이나맛ᄎᆞᆷ내天子의位를踐ᄒᆞᆫ者ᄂᆞᆫ劉氏니天下ㅣ絕望ᄒᆞᆷ이一이오高帝ㅣ子弟를王ᄒᆞ야地가犬牙와相制ᄒᆞ니謂ᄒᆞᆫ바磐石의宗이라天下ㅣ그彊을服ᄒᆞᆷ이二오漢興에秦의煩苛를除ᄒᆞ고法令을約ᄒᆞ고德惠를施ᄒᆞ야人人이스ᄉᆞ로安ᄒᆞ니動搖키難ᄒᆞᆷ이三이라무릇呂太后의嚴으로써權을擅ᄒᆞ고制를專ᄒᆞ얏스나그러나太尉ㅣ一節로써北軍에入ᄒᆞ야한번呼ᄒᆞᆷ의士가다左로袒ᄒᆞ야劉氏를爲ᄒᆞ고諸呂를畔ᄒᆞ야맛ᄎᆞᆷ내써滅ᄒᆞ얏스니이ᄂᆞᆫ이天이授ᄒᆞᆷ이오人의力은아니니이니다

大王의賢聖仁孝ㅣ 聞於天下故로 大臣이 因天下之心而迎立大王ᄒᆞ니 大王은 勿疑也ᄒᆞ소서 代王이 至長安ᄒᆞ니 太尉勃이 請間이어ᄂᆞᆯ 索隱註 間音閑 言欲向空閑處語 宋昌이 曰所言이 公인ᄃᆡ 公言之ᄒᆞ고 所言이 私ㅣᆫᄃᆡ 王者ᄂᆞᆫ 無私ㅣ니라

(西鄉讓三)賓主位東西面君臣位南北面王入代邸群臣繼至王以賓主禮接之(南向讓再)群臣進王正南面之位又再讓

謚法慈惠愛民曰文

大王의賢聖과仁孝ㅣ天下에聞ᄒᆞᆫ고로大臣이天下의心을因ᄒᆞ야大王을迎立ᄒᆞ나니大王은疑치마르소셔代王이長安에至ᄒᆞ니太尉勃이間을請ᄒᆞ거ᄂᆞᆯ宋昌이曰言ᄒᆞᆯ바이公인ᄃᆡ公으로言ᄒᆞ고言ᄒᆞᆯ바이私인ᄃᆡ王인者ᄂᆞᆫ私가無ᄒᆞ니라

太尉ㅣ乃跪上天子璽符어ᄂᆞᆯ代王이西鄉讓者ㅣ三이오南鄉讓者ㅣ再ㅣ라遂卽天子位ᄒᆞ고夜拜宋昌ᄒᆞ야爲衛將軍ᄒᆞ야領南北軍ᄒᆞ고以張武로爲郞中令ᄒᆞ야行殿中ᄒᆞ다 (出漢書文帝紀)

太尉ㅣ이에跪ᄒᆞ야天子의璽符를上ᄒᆞ거ᄂᆞᆯ代王이西으로鄉ᄒᆞ야讓ᄒᆞᆫ者ㅣ三이오南으로鄉ᄒᆞ야讓ᄒᆞᆫ者ㅣ再라드ᄃᆡ여天子位에卽ᄒᆞ고夜에宋昌을拜ᄒᆞ야衛將軍을슴어南北軍을領ᄒᆞ고張武로써郞中令을슴어殿中에行케ᄒᆞ다

漢紀

太宗孝文皇帝上(名恒高祖中子)**在位二十三年 壽四十六**(漢興掃除煩苛與民休息至於孝文加之以恭儉專務以德化民是以海內富庶興於禮義斷獄數百幾致刑措至於制度禮樂則謙讓而未遑)

(壬辰)元年이라 有司ㅣ 請蚤建太子曰豫建太子ᄂᆞᆫ所以重宗廟社稷ᄒᆞ고不忘天下也ㅣ라古者에殷周ㅣ有國에治安이皆千餘

(鰥寡)老而無妻曰鰥老而無夫曰寡

(阽)與墊通

(振貸)振起也振救振贍義皆同今俗爲賑非也

歲는用此道也ㅣ니이다 今子啓ㅣ最長고純厚慈仁니 請建以爲太子이다노 乃許之다 本紀

元年이라有司ㅣ일즉이太子를建기를請야曰미리太子를建홈은써宗廟와社稷을重히고天下를忘치안는바이라古者에殷周ㅣ國을有홈이治야安홈이다千餘歲는이道를用홈이니이다今에子啓ㅣ가장長고純厚고慈仁니建야써太子숨기를請노이다이에許다

(新增東萊)曰按景帝紀註景帝年三十一即位然則文帝之元年景帝方十歲而平勃所以亟請建太子懲惠帝繼嗣不明之過也文帝所以固讓者蓋踐阼之始懼不克勝所言皆發於中心非好名也

漢書本紀에曰三月에 詔曰方春和時에 草木羣生之物이 皆有以自樂호되 而吾百姓鰥寡孤獨困窮之人은 或阽(音坫) 於危亡

王氏曰阽音反阽之阽一云音屋檐之檐阽近邊欲墮意案檐字今俗作簷

而莫之省憂니 爲民父母ㅣ將何如오 其議所以振貸之다

漢書本紀에曰三月에詔야曰바야흐로봄和時에草木羣生의物이다스스로樂

(存問)存省視之也

絮綿也

(吉行)如巡狩封禪之類師行征伐之行也

홈이 잇되吾百姓의鰥寡와孤獨困窮훈人은或危亡에阽ᄒᆞ야憂를省할리업ᄉᆞ니民의父母ㅣ되야장찻엇더ᄒᆞ리오그써振貸홀바를議ᄒᆞ라

又曰老者ᄂᆞᆫ非帛不暖ᄒᆞ며非肉不飽ㅣ니今歲首ㅣ니 (今歲首句絕春者歲之首) 不時使人으로存問長老ᄒᆞ대 (言不即於此歲首時遣使者存問年長老人) 八十已上은賜米肉ᄒᆞ고九十已上은賜帛各二疋絮三斤ᄒᆞ고盡除收孥相坐律ᄒᆞ라 (收孥注見周顯王十年)

또갈오대老훈者ᄂᆞᆫ帛이아니면暖치안ᄒᆞ며肉이아니면飽치안ᄂᆞ니이제歲首ㅣ니不時로人으로ᄒᆞ야곰長老를存問호되八十已上은米肉을賜ᄒᆞ고九十已上은帛各二疋과絮三斤을賜ᄒᆞ고다收孥相坐ᄒᆞᄂᆞᆫ律을除ᄒᆞ라

時에有獻千里馬者ㅣ어ᄂᆞᆯ帝ㅣ曰鸞旗ᄂᆞᆫ在前ᄒᆞ고 (師古曰編以羽毛列繫幢旁載於車上謂之鸞旗車駕出則陳於道而先行鸞通作鑾說文人君乘車駟馬鑣八鑾鈴象鸞鳥聲馬動則鑾鳴以應行節崔氏云五路衡上金雀者朱鳥也口啣鈴謂之鑾衡) 屬車ᄂᆞᆫ在後ᄒᆞ야 (王氏曰古者諸侯貳車九乘秦滅九國兼其車服故大駕屬車八十乘法駕半之屬車皂蓋赤裏木幡戈矛弩箙尙書御史所載最後一車縣豹尾屬相連屬也) 吉行은日五十里오師行은三十里ㅣ니朕乘千里馬ᄒᆞ고獨先安之리오ᄒᆞ고下詔不受ᄒᆞ다 (出賈捐之傳)

時에千里馬를獻ᄒᆞᄂᆞᆫ者ㅣ有ᄒᆞ거ᄂᆞᆯ帝ㅣ曰鸞旗ᄂᆞᆫ前에在ᄒᆞ고屬車ᄂᆞᆫ後에在ᄒᆞ야吉行은日에五十里오師行은三十里니朕이千里馬를乘ᄒᆞ고홀로먼저어ᄃᆡ로가리

(明習)精明鍊習也

(朝而問之)臨朝而問之也

(治粟內史)秦官名掌穀貨

오ᄒᆞ고詔를下ᄒᆞ야受치아니ᄒᆞ다

帝益明習國家事ᄒᆞ야朝而問右丞相勃曰天下一歲에決獄이幾何오勃이謝不知어ᄂᆞᆯ又問一歲에錢穀出入이幾何오勃이又謝不知ᄒᆞ고汗出沾背어ᄂᆞᆯ上이問左丞相平ᄒᆞᆫ대平이曰有主者ᄒᆞ니陛下ㅣ卽問決獄인ᄃᆡ責廷尉ᄒᆞ시고問錢穀인ᄃᆡ責治粟內史ᄒᆞ소셔

帝ㅣ더더욱밝히國家의事를習ᄒᆞ야朝에丞相勃다려問ᄒᆞ야曰天下ㅣ一歲에獄을決ᄒᆞᆷ이얼마인고勃이아지못ᄒᆞᆫ다謝ᄒᆞ거ᄂᆞᆯ또믓되一歲에錢穀出入이얼마인고勃이또아지못ᄒᆞᆫ다謝ᄒᆞ고汗이出ᄒᆞ야背에沾ᄒᆞ거ᄂᆞᆯ上이左丞相平다려問ᄒᆞᆫᄃᆡ平이曰主ᄒᆞᄂᆞᆫ者ㅣ有ᄒᆞ니陛下ㅣ곳決獄을問ᄒᆞᆯ실진대廷尉를責ᄒᆞ시고錢穀을問ᄒᆞ실진대治粟內史를責ᄒᆞ소셔

上이曰君所主者ᄂᆞᆫ何事也오平이謝曰宰相은上佐天子ᄒᆞ야理陰陽順四時ᄒᆞ야下遂萬物之宜ᄒᆞ고外鎭撫四夷諸侯ᄒᆞ고內親附百姓ᄒᆞ야使卿大夫로各得任其職焉이니이다帝ㅣ稱善ᄒᆞ니於是에絳侯

惠帝五年始置二相至是只置一相

(改正朔易服色)夏建寅爲正平明爲朔商建丑爲正鷄鳴爲朔周建子爲正夜半爲朔至

ㅣ自知其能이不如平ᄒᆞ고乃謝病請歸相印이어ᄂᆞᆯ上이許之ᄒᆞ니平이專爲丞相ᄒᆞ다 出史陳丞相世家帝稱善下參用漢書文自此只置一相

上이曰君의主ᄒᆞᄂᆞᆫ바ᄂᆞᆫ무슨일인고平이謝ᄒᆞ야曰宰相은上으로天子를佐ᄒᆞ야陰陽을理ᄒᆞ고四時를順ᄒᆞ야下로萬物의宜를遂ᄒᆞ고外로四夷와諸侯를鎭撫ᄒᆞ고內로百姓을親附ᄒᆞ야卿大夫로ᄒᆞ야곰각각시러곰그職을任케홈이니이다帝ㅣ善타稱ᄒᆞ니이에絳侯ㅣᄉᆞᄉᆞ로그能이平갓지못홈을知ᄒᆞ고이에病을謝ᄒᆞ고相印을歸키를請ᄒᆞ거ᄂᆞᆯ上이許ᄒᆞ니平이오로지丞相이되다

上이聞河南守吳公이治平이爲天下第一ᄒᆞ고 吳姓史失其名故稱公治平言其政治均平 召以爲廷尉러니吳公이薦洛陽人賈誼어ᄂᆞᆯ帝ㅣ召以爲博士ᄒᆞ니是時에賈生의年이二十餘ㅣ라帝ㅣ愛其辭博ᄒᆞ야一歲中에超遷至太中大夫ᄒᆞ니賈生이請改正朔易服色定官名興禮樂ᄒᆞ야以立漢制ᄒᆞ고更秦法ᄒᆞ니帝ㅣ謙讓未遑也러라 出史紀傳

上이河南守吳公이治平홈이天下에第一됨을聞ᄒᆞ고召ᄒᆞ야써廷尉를숨엇더니吳公이洛陽人賈誼를薦ᄒᆞ거ᄂᆞᆯ帝ㅣ召ᄒᆞ야써博士를숨으니이ᄣᅢ에賈生의年이二十

秦始改用十月爲正亥時爲朔服如青有虞氏深衣而養老而禹氏燕衣而養老殷人縞衣而養老周公玄衣而養老色如夏尚黑殷尚白周尚亦秦尚黑禮樂大抵因舊秦制(逮)及也不逮意慮之不及也

餘ㅣ라帝ㅣ그辭가博홈을愛ᄒᆞ야 一歲의中에뛰여옴겨太中大夫에至ᄒᆞ니賈生이正朔을改ᄒᆞ고服色을易ᄒᆞ고官名을定ᄒᆞ고禮樂을興ᄒᆞ야써漢制를立ᄒᆞ고秦法을更홈을請ᄒᆞ니帝ㅣ遑치못홈으로謙讓ᄒᆞ더라

(癸亥)二年이라 冬十一月癸卯晦에 日有食之어늘 (王氏曰曆家之說謂日光以望時遙奪月光故月食日月同會月奄日故日食食有上下者行其高下月光輪存而中食者相奄密故日光溢出也然聖人不言月食而以日食爲文闕於所不見) 詔羣臣ᄒᆞ야 悉思朕之過失ᄒᆞ야 以啓告朕ᄒᆞ고 及擧賢良方正能直言極諫者ᄒᆞ야 以匡朕之不逮ᄒᆞ라ᄒᆞ다 (出漢書本紀)

二年이라冬十一月癸卯晦에日이食홈이有ᄒᆞ거ᄂᆞᆯ羣臣에게詔ᄒᆞ야다朕의過失을思ᄒᆞ야써啓ᄒᆞ야朕에게告ᄒᆞ고밋賢良ᄒᆞ고方正ᄒᆞ고能히直言으로極諫ᄒᆞᄂᆞᆫ者를擧ᄒᆞ야써朕의逮치못홈을匡ᄒᆞ라ᄒᆞ다

賈山이 上書言治亂之道ᄒᆞᆯ새 借秦爲喩ᄒᆞ니 名曰至言이라 其辭에 曰 臣은 聞雷霆之所擊에 無不摧折者오 萬鈞之所壓에 無不糜滅者ㅣ라ᄒᆞ니 今人主之威ᄂᆞᆫ 非特雷霆也오 勢重이 非特萬鈞也ㅣ라

賈山이書를上ᄒᆞ야治亂의道를言ᄒᆞᆯ새秦을借ᄒᆞ야喩를ᄒᆞ니名ᄒᆞ야曰至言이라ᄒᆞ니그

(千八百國)凡九州千七百七十三國日千八百國者擧成

辞에曰臣은드르니雷霆의擊ᄒᆞᄂᆞᆫ바에摧折치안ᄂᆞᆫ者ㅣ업고萬鈞의壓ᄒᆞᄂᆞᆫ바에糜滅치안ᄂᆞᆫ者ㅣ업다ᄒᆞ니이졔人主의威ᄂᆞᆫ特히雷霆ᄲᅮᆫ아니오勢의重ᄒᆞᆷ이特히萬鈞ᄲᅮᆫ아니라

開道而求諫ᄒᆞ고和顔色而受之ᄒᆞ야用其言而顯其身이라도士ㅣ猶恐懼而不敢自盡이어든又况於縱欲恣暴ᄒᆞ야惡聞其過乎잇가震之以威ᄒᆞ고壓之以重이면雖有堯舜之智와孟賁(音奔)之勇이나豈有不摧折者哉잇가如此면人主ㅣ不得聞其過ᄒᆞ고社稷이危矣리이다

道를開ᄒᆞ야諫을求ᄒᆞ고顔色을和히ᄒᆞ야受ᄒᆞ야그言을用ᄒᆞ고그身을顯ᄒᆞ더라도士ㅣ오히려恐懼ᄒᆞ야敢히스ᄉᆞ로盡치못ᄒᆞ거든ᄯᅩ하물며欲을縱ᄒᆞ고暴를恣ᄒᆞ야그허물듯기를惡ᄒᆞᆷ이리잇가威로써震ᄒᆞ고重으로써壓ᄒᆞ면비록堯舜의智와孟賁의勇이有ᄒᆞ나엇지摧折치안을者ㅣ有ᄒᆞ리잇가이갓ᄒᆞ면人主ㅣ시러곰그過를聞치못ᄒᆞ고社稷이危ᄒᆞ리이다

昔者에周蓋千八百國이니以九州之民으로養千八百國之君ᄒᆞ되君有餘財ᄒᆞ고民有餘力而頌聲이作이러니秦皇帝ㅣ以千八百國

數也

(罷)讀曰疲

(訢)古欣字

之民으로自養호ᄃᆡ力罷不能勝其役ᄒᆞ고財盡不能勝其求ᄒᆞ야其所

自養者ᄂᆞᆫ馳騁弋獵之娛ㅣ니天下ㅣ弗能供也ㅣ니이다

昔者에周ㅣᄃᆡ매千八百國이니九州의民으로써千八百國의君을養호ᄃᆡ君은餘財가有ᄒᆞ고民은餘力이有ᄒᆞ야頌ᄒᆞᄂᆞᆫ聲이作ᄒᆞ더니秦皇帝ᄂᆞᆫ千八百國의民으로써ᄉᆞᄉᆞ로養호ᄃᆡ力이罷ᄒᆞ야能히그役을勝치못ᄒᆞ고財가盡ᄒᆞ야能히그求를勝치못ᄒᆞ야그ᄉᆞᄉᆞ로養ᄒᆞᄂᆞᆫ바ㅅ者ᄂᆞᆫ馳騁弋獵의娛ㅣ니天下ㅣ能히供치못ᄒᆞ얏ᄂᆞ이다

今陛下ㅣ使天下로擧賢良方正之士ᄒᆞ시니天下ㅣ皆訢訢然曰

將興堯舜之道와三王之功矣라ᄒᆞ야天下之士ㅣ莫不精白ᄒᆞ야以

承休德이어ᄂᆞᆯ(厲精而爲潔白以奉承此休美之德)今에選其賢者ᄒᆞ야與之馳驅射獵ᄒᆞ야一日에

再三出ᄒᆞ시니臣은恐朝廷之懈弛也ᄒᆞᆯ가ᄒᆞ노이다

이제陛下ㅣ天下로ᄒᆞ야곰賢良方正의士를擧ᄒᆞ시니天下ㅣ다訢訢然ᄒᆞ야曰장찻堯舜의道와三王의功을興ᄒᆞ리라ᄒᆞ야天下의士ㅣ精ᄒᆞ고白ᄒᆞ지안ᄒᆞ리업서써休ᄒᆞᆫ德을承ᄒᆞ거ᄂᆞᆯ今에그賢ᄒᆞᆫ者를選ᄒᆞ야더부러馳ᄒᆞ고驅ᄒᆞ고射ᄒᆞ고獵ᄒᆞ야一日에두세번出ᄒᆞ시니臣은두려ᄒᆞ건대朝廷이懈弛ᄒᆞᆯ가ᄒᆞ노이다

(癃)疾也

(愍)痛也

陛下ㅣ即位에親自勉以厚天下ᄒᆞ시고 節用愛民ᄒᆞ사 本傳無此句 平獄緩刑ᄒᆞ시니天下ㅣ莫不說喜ᄒᆞ니다臣은 聞山東吏ㅣ布詔令에 民雖老羸癃疾이나扶杖而往聽之ᄒᆞ고願少須臾毋死ᄒᆞ야 思見德化之成也라ᄒᆞ니 今에豪俊之臣과 方正之士로直與之日日獵射ᄒᆞ야 擊兎伐狐ᄒᆞ야以傷大業ᄒᆞ야絕天下之望ᄒᆞ시니 臣切悼之ᄒᆞ노이다夫士ㅣ 修之於家而壞之於天子之庭ᄒᆞ니臣切愍之ᄒᆞ노이다上이嘉納其言ᄒᆞ다

陛下ㅣ位에即ᄒᆞ심ᄋᆡ親히ᄉᆞᄉᆞ로勉ᄒᆞ야써天下를厚ᄒᆞ시고用을節히ᄒᆞ고民을愛ᄒᆞ샤獄을平히ᄒᆞ고刑을緩히ᄒᆞ시니天下ㅣ說喜치안ᄒᆞ리업ᄂᆞ이다臣은드르니山東吏ㅣ詔令을布홈ᄋᆡ民이비록老羸ᄒᆞ고癃疾ᄒᆞ나杖을扶ᄒᆞ고往ᄒᆞ야聽ᄒᆞ고願컨대져이잠잔이라도死치마라德化의成을見키를思ᄒᆞᆫ다ᄒᆞ니今에豪俊의臣과方正의士로곳더부러日日히獵射ᄒᆞ야兎를擊하고狐를伐ᄒᆞ야써大業을傷ᄒᆞ야天下의望을絕ᄒᆞ시니臣은잔졀이悼ᄒᆞ노이다무릇士ㅣ家에셔修ᄒᆞ야天子의庭에셔壞ᄒᆞ니臣은잔졀이愍ᄒᆞ노이다上이嘉히그言을納ᄒᆞ다

上이每朝에郎從官이上書疏에未嘗不止輦受其言ᄒᆞ야 言不可

(阪)山脇也

(幸)寵幸也

(卻)退而卑之也時盎爲中郞將天子幸署預設供張待之故得卻愼夫人也綱目無夫

用어면置之ᄒᆞ고言可用이면采之리라

上이미양아츰에郞從官이書疏를上홈의未嘗不輦을止ᄒᆞ고그言을受ᄒᆞ야言이可히用치못홀것이면置ᄒᆞ고言이可히用홀것이면采ᄒᆞ더라

帝從霸陵上ᄒᆞ야 地志霸陵故芷陽也在雍州萬年東北二十五里秦穆公更名霸城漢文帝於此因名其邑曰霸陵其城東南云陵一十五里 欲西馳下峻阪이어ᄂᆞᆯ袁盎이曰馬驚車敗ᄒᆞ면陛下ㅣ縱自輕이나奈高廟太后에何오上이乃止ᄒᆞ다

帝ㅣ霸陵上으로從ᄒᆞ야西로馳ᄒᆞ야峻阪을下코져ᄒᆞ거ᄂᆞᆯ袁盎이曰馬가驚ᄒᆞ고車가敗ᄒᆞ면陛下ㅣ비록스ᄉᆞ로輕히ᄒᆞ시나高廟와太后에엇지ᄒᆞ시려ᄒᆞᄂᆞ잇고上이이에止ᄒᆞ다

上의所幸愼夫人이在禁中ᄒᆞ야嘗與皇后로同席坐어ᄂᆞᆯ袁盎이引卻愼夫人ᄒᆞᆫ뒤 引卻謂盎牽引其帝卻退 夫人이怒ᄒᆞ고上亦怒어ᄂᆞᆯ盎이曰臣은聞尊卑ㅣ有序則上下ㅣ和ᄒᆞ라ᄂᆞ니今에既已立后ᄒᆞ시니愼夫人은乃妾耳라豈可同坐리잇고陛下ᄂᆞᆫ獨不見人彘乎잇가 人彘戚夫人事在惠帝元年 上이說ᄒᆞ야乃召語

人二字而帝賜盎也

(管子管仲也穰豐也)

愼夫人ᄒᆞᆫ대**夫人**이 **賜盎金五十斤**ᄒᆞ다 出史紀袁盎傳

上의 幸ᄒᆞᄂᆞᆫ바 愼夫人이 禁中에 在ᄒᆞ야 일즉이 皇后로더부러 席을 同히ᄒᆞ고 坐ᄒᆞ거ᄂᆞᆯ 袁盎이 引ᄒᆞ야 愼夫人을 却ᄒᆞᆫᄃᆡ 夫人이 怒ᄒᆞ고 上이 ᄯᅩ 怒ᄒᆞ거ᄂᆞᆯ 盎이 日 臣은 드르니 尊과 卑가 序가 有ᄒᆞᆫ즉 上下가 和ᄒᆞᆫ다ᄒᆞ니 今에 임의 后를 立ᄒᆞ시니 愼夫人은 이에 妾이라 엇지 가히 ᄒᆞᆫ가지 坐ᄒᆞ리잇고 陛下ᄂᆞᆫ 홀로 人彘를 보지 못ᄒᆞ셧ᄂᆞ잇가 上이 說ᄒᆞ야 이에 愼夫人을 불너 語ᄒᆞᆫ대 夫人이 盎의게 金五十斤을 賜ᄒᆞ다

賈誼ㅣ **說上曰 管子**ㅣ **曰 倉廩**이 **實而知禮節**ᄒᆞ고 **衣食**이 **足而知榮辱**이라ᄒᆞ니 **民不足而可治者**ᄂᆞᆫ **自古及今**에 **未之嘗聞**ᄒᆡ이다 **漢之爲漢**이 **幾四十年**이로ᄃᆡ **公私之積**이 **猶可哀痛**ᄒᆞ니 **世之有饑穰**은 **天之行也**라 **禹湯**도 **被之矣**시니 **即不幸**ᄒᆞ야 **有方二三千里之旱**이면 **國胡以相恤**이며 **卒然邊境**에 **有急**이면 **數十百萬之衆**을 **國胡以餽之**리잇고

賈誼ㅣ上에게 說ᄒᆞ야 曰 管子ㅣ曰 倉廩이 實ᄒᆞ여야 禮節을 知ᄒᆞ고 衣食이 足ᄒᆞ여야 榮辱을 知ᄒᆞᆫ다ᄒᆞ니 民이 足지못ᄒᆞ고 可히 治ᄒᆞᄂᆞᆫ者ᄂᆞᆫ 古로브터 今에 及ᄒᆞ기일즉

聞치못케이다漢의漢됨이거의四十年이로ᄃᆡ公私의積이오히려可히哀痛ᄒᆞ니世의饑와穰이有홈은天의行이라禹湯도被ᄒᆞ셧ᄉᆞ니곳不幸ᄒᆞ야方二三千里의旱이有ᄒᆞ면國이엇지써서로恤ᄒᆞ며卒然히邊境에急이有ᄒᆞ면數十百萬의衆을國이엇지써餽ᄒᆞ리잇고

夫積貯者는 天下之大命也라 苟粟多而財有餘면 何爲而不成이리오 以攻則取ᄒᆞ고 以守則固ᄒᆞ고 以戰則勝이니 懷敵附遠이면 何招而不至리잇고

무릇積貯라ᄒᆞᄂᆞᆫ者ᄂᆞᆫ天下의큰命이라진실로粟이多ᄒᆞ고財가餘홈이有ᄒᆞ면무엇을ᄒᆞ면成치아ᄒᆞ리오써攻ᄒᆞᆫ則取ᄒᆞ고써守ᄒᆞᆫ則固ᄒᆞ고써戰ᄒᆞᆫ則勝홀지니敵을懷ᄒᆞ고遠을附ᄒᆞ면무엇을招ᄒᆞ야至치아ᄒᆞ리잇고

今에 毆民而歸之農ᄒᆞ야 (毆與驅同 毆逐也) 使天下로 各食其力ᄒᆞ고 (食其力言各以力耕待食是即食己之力也) 末技游食之民을 轉而緣南畮則蓄積이 足而人樂其所矣리이다

今에民을毆ᄒᆞ야農에歸ᄒᆞ야天下로ᄒᆞ야금각각그力을食ᄒᆞ고末技游食의民을轉

ᄒᆞ야南晦에緣ᄒᆞᆫ則蓄積이足ᄒᆞ고人이그所를樂ᄒᆞ리이다

上이感誼言ᄒᆞ야春正月丁亥에詔開籍田ᄒᆞ고上이親畊ᄒᆞ야以率天下之民ᄒᆞ다 出漢書食貨志上感誼言以下參用本紀文小異籍與籍耤通史記注古者天子耕耤田千畝為天下先籍者帝王典籍之常韋昭曰籍借也借民力以治之以奉宗廟粢盛且以勸率天下使務農也瓚曰景帝詔曰朕親耕后親桑為天下先本以躬親為喜不得以假借為說籍蹈籍也言親自蹈履于田而耕之記月令孟春天子親載耒耜措之於參保介之御間師三公九卿諸侯大夫躬耕帝籍天子三推三公五推卿諸侯九推反執爵于大寢王公九卿諸侯大夫皆御命曰勞酒此親耕禮也推音出錐反又吐回反謂代也

上이誼의言을感ᄒᆞ야春正月丁亥에詔ᄒᆞ야籍田을開ᄒᆞ고上이親히耕ᄒᆞ야써天下의民을率ᄒᆞ다

五月에詔曰古之治天下에朝有進善之旌과 應氏曰旌旛也堯設之五達之道令民進善也如淳曰欲有進善者立於旌下言之 誹謗之木은 謗木服虔曰堯作之橋梁交午柱頭應氏曰橋梁邊板所以書政治之愆失今宮外橋梁頭四柱木是案尸子云堯立誹謗之木韋氏曰慮政有闕失使言事者書之於木 所以通治道而來諫也니라今法에有誹謗妖言之罪ᄒᆞ니 妖與訞同 是ᄂᆞᆫ使衆臣으로不敢盡情而上無由聞過失也라將何以來遠方之賢良이리오其除之ᄒᆞ라

五月에詔ᄒᆞ야曰古의天下를治ᄒᆞᆷ의朝에進善의旌과誹謗의木이有ᄒᆞᆷ은써治道를

通ᄒᆞ고諫ᄒᆞᆷ을來케ᄒᆞᆷ이러니今法에誹謗妖言의罪가有ᄒᆞ니이ᄂᆞᆫ衆臣으로ᄒᆞ야곰敢히情을盡치못ᄒᆞ게ᄒᆞ고上이말미암아過失을듯지못ᄒᆞ게ᄒᆞᆷ이라장ᄎᆞᆺ엇지써遠方의賢良을來케ᄒᆞ리오그除ᄒᆞ라

(致堂)管見曰賈誼論秦曰忠諫者謂之誹謗深計者謂之妖言夫旣以忠言深計爲誹謗爲妖言則爭爲諛言以自售如指鹿爲馬指野鳥爲鸞指菌爲芝指氛祲爲慶雲指雹爲非災指彗曰所以除舊布新也蝗生則曰不食嘉穀也日蝕則曰陰雲蔽之也地震則曰官府無傷也霖雨則曰秋稼自茂也水湧泛濫則曰民無流離也歲饑則曰未有餓者也凡賢否是非治亂得失一切反理詭道倒言而逆說之以欺惑世主使淪於危亡其罪豈特誹謗之比其爲妖言不大乎文帝除此令其享國長世也宜哉

九月에詔曰農者ᄂᆞᆫ天下之大本也ㅣ라民所恃以生也어ᄂᆞᆯ而民이或不務本而事末故로生不遂ᄒᆞ니今玆親率羣臣ᄒᆞ야農以勸之ᄒᆞ노니其賜民今年田租之半ᄒᆞ라

九月에詔ᄒᆞ야曰農이란者ᄂᆞᆫ天下의大本이라民이恃ᄒᆞ야써生ᄒᆞᄂᆞᆫ바어ᄂᆞᆯ民이或本을務치아니ᄒᆞ고末을事ᄒᆞᄂᆞᆫ故로生을遂치못ᄒᆞ니今에이親히羣臣을率ᄒᆞ야農으로써勸ᄒᆞ노니그民에게今年田租의半을賜ᄒᆞ라

(騎郞)官名有三郞曰車郞騎郞戶郞

(上林尉)有令丞尉之簿書也

(捷給)捷速也給辨又給而捷也

(甲子)三年이라初에南陽張釋之ㅣ爲騎郞十年에不得調ᄒᆞ야 調遷也 欲免歸어ᄂᆞᆯ袁盎이知其賢而薦之ᄒᆞᆫ대爲謁者僕射ᄒᆞ다 史記漢書並云袁盎知其賢惜其失乃請徙釋之補謁者釋之既朝因言便宜帝曰予之無甚高論令今可行也於是釋之言秦漢間事帝稱善拜爲謁者僕射百官志謁者僕射一人爲謁者臺率天子出奉引古重習武有主射以督錄之故曰僕射 釋之ㅣ從行ᄒᆞ야 從去聲隨從主上行也 登虎圈ᄒᆞᆯ서 養獸之所 上이問上林尉諸禽獸簿ᄒᆞᆫ듸尉ㅣ左右視不能對ᄒᆞ고虎圈嗇夫ㅣ 王氏曰嗇夫是聽訟於虎圈者百官表有鄕大夫此其類也 從旁代尉ᄒᆞ야對甚悉이어ᄂᆞᆯ帝ㅣ曰吏ㅣ不當이若是邪아ᄒᆞ고拜嗇夫ᄒᆞ야爲上林令ᄒᆞᆫ듸

三年이라初에南陽張釋之ㅣ騎郞이된지十年에調를得치못ᄒᆞ야免ᄒᆞ고歸코져ᄒᆞ거ᄂᆞᆯ袁盎이그賢ᄒᆞᆷ을知ᄒᆞ고薦ᄒᆞᆫ대謁者僕射를ᄉᆞᆷ다釋之ㅣ從行ᄒᆞ야虎圈에登ᄒᆞᆯ서上이上林尉에게모든禽獸의簿를問ᄒᆞᆫ듸尉ㅣ左右로視ᄒᆞ고能히對치못ᄒᆞ고虎圈嗇夫ㅣ旁으로從ᄒᆞ야尉를代ᄒᆞ야對ᄒᆞᆷ이심히悉ᄒᆞ거ᄂᆞᆯ帝ㅣ曰吏가當치안ᄒᆞᆷ이갓ᄒᆞ랴ᄒᆞ고嗇夫를拜ᄒᆞ야上林令을ᄉᆞᆷ은듸

釋之ㅣ曰周勃張相如ᄂᆞᆫ稱爲長者ᄒᆞ되兩人이言事에曾不出口ᄒᆞ니豈效此嗇夫의喋喋利口捷給哉리오 喋音牒喋喋多言貌也利口多言少實也 以嗇夫口辯

而超遷之면 恐天下ㅣ 隨風而靡ᄒᆞ야 爭爲口辯而無其實ᄒᆞᆯ가ᄒᆞ노이다

帝曰善타ᄒᆞ고 乃不拜嗇夫ᄒᆞ다 出史記本傳

釋之ㅣ曰周勃과張相如ᄂᆞᆫ長者ㅣ라稱ᄒᆞ되兩人이事ᄅᆞᆯ言ᄒᆞᆷ의일즉이口에出치아니ᄒᆞ얏스니엇지이嗇夫의喋喋ᄒᆞᆫ利口에捷給ᄒᆞᆷ을效ᄒᆞ리잇고嗇夫의口辯으로써超ᄒᆞ야遷ᄒᆞ면두렵건ᄃᆡ天下ㅣ風을隨ᄒᆞ야靡ᄒᆞ야닷토아口辯을爲ᄒᆞ고그實이無ᄒᆞᆯ가ᄒᆞ노이다帝ㅣ曰善타ᄒᆞ고이에嗇夫ᄅᆞᆯ拜치아니ᄒᆞ다

(從橋走)資治橋下有下字

(奏當)處斷人罪曰當言使法相當也

釋之ㅣ 爲廷尉에 上이 行出中渭橋ᄒᆞᆯ서 索隱曰咸陽宮在渭北長樂宮在渭南秦昭王欲通貳宮之閒造橫長橋於渭水上長參百八拾步今渭橋有參所其壹在長安城西北咸陽路曰西渭橋壹在城東北高陵路曰東渭橋其中渭橋在故城北參里今車駕之行出右橋路 有一人이 從橋走ᄒᆞ야 乘輿馬ㅣ 驚이어ᄂᆞᆯ 於是에 使騎捕之ᄒᆞ야 屬廷尉ᄒᆞᆫ대 釋之ㅣ 奏當호ᄃᆡ 此人이 犯蹕ᄒᆞ니 當罰金이로소이다 如淳曰乙令云蹕先至而犯者罰金四兩也師古曰天子出則稱警示戒肅也入則言蹕所以止行人淸道也

釋之ㅣ廷尉가됨의上이行ᄒᆞ야中渭橋ᄅᆞᆯ出ᄒᆞᆯ시一人이有ᄒᆞ야橋로從ᄒᆞ야走ᄒᆞ야乘輿馬ㅣ驚ᄒᆞ거ᄂᆞᆯ이에騎로ᄒᆞ야곰捕ᄒᆞ야廷尉에屬ᄒᆞᆫ대釋之ㅣ奏當호ᄃᆡ이ᄉᆞᄅᆞᆷ이蹕을犯ᄒᆞ얏스니맛당이金으로罰ᄒᆞ겟ᄂᆞ이다

上이 怒曰此人이 親驚吾馬ᄒᆞ니 馬賴和柔라 令他馬런ᄃᆞᆯ 固不敗傷

(公共 公不私也 共與衆同也)

我乎아 而廷尉乃當之罰金이오 釋之ㅣ曰法者는 天下公共也라 今法이 如是어늘 更重之ᄒᆞ면 是는 法不信於民也라 且方其時ᄒᆞ야 上이 使使誅之則已어니와 今已下廷尉ᄒᆞ시니 廷尉는 天下之平也라 (王氏曰平其不平曰平宣帝置廷尉平漢書注平音病) 壹傾이면 天下用法을 皆爲之輕重ᄒᆞ리니 民이 安所錯其手足이리잇고 上이 曰廷尉當이 是也로다

上이怒ᄒᆞ야曰此人이親히吾의馬를驚ᄒᆞ얏스니馬의柔和홈을賴ᄒᆞᆫ지라만일他馬일넌들진실로我를敗傷치아니ᄒᆞ얏스랴廷尉ㅣ이에罰金으로當ᄒᆞ고녀釋之ㅣ曰法이란者는天下의公共홈이라이제法이이와갓거늘다시重케ᄒᆞ시면이는法이民에게밋업지못홈이라또그時를方ᄒᆞ야上이使를부려셔誅ᄒᆞ셧스면홀일업거니와이제임의廷尉에게下ᄒᆞ시니廷尉는天下의平이라ᄒᆞᆫ번傾ᄒᆞ면天下ㅣ法을用홈을다輕重을홀것이니民이엇지그手足을錯홀바리잇고上이曰廷尉當이是ᄒᆞ도다

其後에人이 有盜高廟坐前玉環이어늘 得ᄒᆞ야 (得爲句謂吏捕而獲之也) 下廷尉治ᄒᆞᆫ대 釋之ㅣ奏ᄒᆞ되 當棄市니이다 上이 大怒曰人이 無道ᄒᆞ야 盜先帝器ᄒᆞ니 吾欲致之族而君이 以法奏之ᄒᆞ니 非吾所以共承宗廟意也로다 (共與恭通)

(太后)帝母薄氏

그後에人이高廟坐前의玉環을盜홈이有ᄒᆞ거ᄂᆞᆯ得ᄒᆞ야廷尉에게下ᄒᆞ야治ᄒᆞᆫ대釋之ㅣ奏ᄒᆞ되맛당이市에棄ᄒᆞᆯ지니이다上이크게怒ᄒᆞ야曰人이無道ᄒᆞ야先帝의器를盜ᄒᆞ니吾ㅣ族을致코ᄌᆞᄒᆞ거ᄂᆞᆯ君이法으로써奏ᄒᆞ니吾ㅣ써宗廟를恭承ᄒᆞᄂᆞᆫ바意가아니로다

釋之ㅣ免冠頓首謝曰法如是足也ㅣ니이다 今에 盜宗廟器而族之ㅣᆫ댄 假令愚民이 取長陵一抔土면 抔手掬之也高帝墓曰長陵在渭水北去長安城三十五里張氏曰不忍斥言毁撤山陵故以取土爲譬 陛下ㅣ 且何以加其法乎잇가 帝ㅣ 乃白太后ᄒᆞ고 許之ᄒᆞ다 出漢書本傳

釋之ㅣ冠을免ᄒᆞ고首를頓ᄒᆞ고謝ᄒᆞ야曰法이이갓ᄒᆞ면足ᄒᆞ니이다今에宗廟器를盜ᄒᆞ야族ᄒᆞᆯ진ᄃᆡ假令愚民이長陵의一抔土를取ᄒᆞ면陛下ㅣ또엇지써그法을加ᄒᆞ리잇가帝ㅣ이에太后에게白ᄒᆞ고許ᄒᆞ다

(新增楊氏)曰釋之々論犯蹕其意善矣然曰方其時上使人誅之則已則是開人主妄殺人之端也旣曰法者天子所與天下公共則犯法者天子必付之有司以法論之安得越法而擅誅乎

(乙丑)四年이라 上이 召河東守季布ᄒᆞ야 欲以爲御史大夫러니 有言其勇ᄒᆞ고 使酒難近者ㅣ어ᄂᆞᆯ 王氏曰因酒縱性曰使酒卽酒也難近者謂不可與之相親近也 至ᄒᆞ야 至爲句 留邸一

月에見罷ᄒᆞ니 王氏曰邸舍也郡國朝宿之舍在京師者率名曰邸邸至也言所歸至也近世爲逆旅之稱 季布ㅣ因進曰臣이無功ᄒᆞ야待罪河東이러니 陛下ㅣ無故召臣ᄒᆞ시니 此ᄂᆞᆫ人必有以臣으로欺陛下者오今臣이至에無所受事ᄒᆞ고罷去ᄒᆞ니 此ᄂᆞᆫ人必有毁臣者ㅣ라陛下ㅣ以一人之譽而召臣ᄒᆞ시고 以一人之毁而去臣ᄒᆞ시니 臣은恐天下ㅣ有以闚陛下之淺深也ᄒᆞ노이다 史記漢書並無淺深二字此參用注文 上이良久에曰河東은吾股肱郡故로特召君耳로라 出本傳

四年이라上이河東守季布를召ᄒᆞ야써御史大夫를삼고ᄌᆞᄒᆞ더니言호ᄃᆡ그勇ᄒᆞ고酒를使ᄒᆞ야近키難ᄒᆞ다ᄒᆞᄂᆞᆫ者ㅣ有ᄒᆞ거ᄂᆞᆯ至ᄒᆞ야邸에留ᄒᆞᆫ지一月에罷ᄒᆞᆷ을見ᄒᆞ니季布ㅣ因ᄒᆞ야進ᄒᆞ야曰臣이功이無ᄒᆞ야罪를河東에待ᄒᆞ얏더니陛下ㅣ故가無히臣을召ᄒᆞ시니이ᄂᆞᆫ人이반다시臣으로써陛下게欺ᄒᆞᆫ者ㅣ有ᄒᆞᆷ이오今에臣이至ᄒᆞᆷ의受ᄒᆞᆫ바事가無ᄒᆞ고罷去ᄒᆞ니이ᄂᆞᆫ人이반다시臣을毁ᄒᆞᆫ者ㅣ잇슴이라陛下ㅣ一人의譽로써臣을召ᄒᆞ시고一人의毁로써臣을去ᄒᆞ시니臣은恐컨ᄃᆡ天下ㅣ써陛下의淺深을闚ᄒᆞ리가有ᄒᆞᆯ가ᄒᆞ노이다上이良久에曰河東은吾의股肱郡인고로特히君을召ᄒᆞ얏노라

上이議以賈誼로任公卿之位러니 大臣이多短之 漢書云絳灌之屬害之 曰洛

(釐)福也 (宣室)未央宮前正室也齋則居

陽之人이 年少初學으로 專欲擅權ᄒᆞ야 紛亂諸事라ᄒᆞᆫᄃᆡ 於是에 天子ㅣ
後亦疏之ᄒᆞ야 不用其議ᄒᆞ고 以爲長沙王太傅러니 後에 帝ㅣ 思誼ᄒᆞ야
召至入見ᄒᆞᆯᄉᆡ 上이 方受釐(音僖)坐宣室이라가 因感鬼神事而問鬼神
之本ᄒᆞᆫᄃᆡ 誼ㅣ 具道其所以然之故ᄒᆞ야 至夜半이어ᄂᆞᆯ 帝ㅣ 前席이러니 旣
罷ᄒᆞ야 曰吾ㅣ 久不見賈生이라니 自以爲過之러니 今不及也라ᄒᆞ고 乃拜
爲梁太傅ᄒᆞ다 出漢書本傳

上이賈誼로써公卿의位에任ᄒᆞ기를議ᄒᆞ더니大臣이短ᄒᆞ는이가多ᄒᆞ야曰洛陽의人이年少ᄒᆞᆫ初學으로專혀權을擅코ᄌᆞᄒᆞ야諸事를紛亂ᄒᆞᆫ다ᄒᆞᆫᄃᆡ이에天子ㅣ後에ᄯᅩ疏ᄒᆞ야그議를用치아니ᄒᆞ고써長沙王太傅를숨앗더니後에帝ㅣ誼를思ᄒᆞ야召ᄒᆞ야至ᄒᆞ야入見ᄒᆞᆯᄉᆡ上이바야흐로釐를受ᄒᆞ고宣室에坐ᄒᆞ얏다가因ᄒᆞ야鬼神의事를感ᄒᆞ야鬼神의本을問ᄒᆞᆫᄃᆡ誼가갓초어그써그러ᄒᆞᆫ바故를道ᄒᆞ야夜半에至ᄒᆞ거ᄂᆞᆯ帝ㅣ席에前ᄒᆞ얏더니님의罷ᄒᆞ야曰吾ㅣ久히賈生을見치못ᄒᆞᆫ지라ᄉᆞᄉᆞ로써過라ᄒᆞ얏더니今에及지못ᄒᆞ얏다ᄒᆞ고이에拜ᄒᆞ야梁太傅를숨다

絳侯周勃이 就國ᄒᆞ야 每河東守尉ㅣ 行縣至絳에 勃이 自畏恐誅

ᄒᆞ야 常被甲ᄒᆞ고 令家人으로 持兵以見之ᄒᆞ더니 人이 有上書告勃이 欲反이어ᄂᆞᆯ 下廷尉ᄒᆞ야 逮捕勃治之ᄒᆞᆫ되 (逮及邑辭之所及者則追捕之故謂之逮) 薄太后ㅣ 曰絳侯ㅣ 始誅諸呂ᄒᆞ고 綰皇帝璽ᄒᆞ야 將兵於北軍ᄒᆞ니 不以此時反ᄒᆞ고 今居一小縣ᄒᆞ야 顧欲反耶아 (王氏曰綰繫也璽即高帝傳璽北軍宿衛宮門內於周垣下而區廬勃持一節入北軍而遂將之以誅諸呂廢少帝手綰璽時帝未即位勃於此時不反今更有異乎) 帝ㅣ 乃使使持節ᄒᆞ야 赦絳侯復爵邑ᄒᆞ다 (本出傳)

絳侯周勃이 國에 就ᄒᆞ야 ᄆᆡ양 河東守尉ㅣ 縣에 行ᄒᆞ야 絳에 至ᄒᆞᆷ의 勃이 ᄉᆞᄉᆞ로 誅ᄒᆞᆯ가 畏恐ᄒᆞ야 항상 甲을 被ᄒᆞ고 家人으로 ᄒᆞ야곰 兵을 持ᄒᆞ고 ᄡᅥ 見ᄒᆞ더니 人이 書를 上하야 勃이 反코져 ᄒᆞᆫ다 告하ᄂᆞᆫ이가 有하거ᄂᆞᆯ 廷尉에게 下ᄒᆞ야 勃을 逮捕ᄒᆞ야 ᄡᅥ 治ᄒᆞᆫᄃᆡ 薄太后ㅣ 曰 絳侯ㅣ 비로소 諸呂를 誅ᄒᆞ고 皇帝璽를 綰ᄒᆞ야 兵을 北軍에셔 將ᄒᆞ얏ᄉᆞ니 이ᄯᅢ로ᄡᅥ 反치안코 이제 한 小ᄒᆞᆫ 縣에 居ᄒᆞ야 도로혀 反코져 ᄒᆞ랴 帝ㅣ 이에 使를 부러 節를 持ᄒᆞ야 絳侯를 赦ᄒᆞ고 爵邑을 復ᄒᆞ다

(丙寅)五年이라 初에 秦이 用半兩錢이러니 高祖ㅣ 嫌其重難用ᄒᆞ야 更鑄莢錢ᄒᆞ니 (莢錢即五分錢民間名曰楡莢錢言如楡葉之薄) 於是에 物價ㅣ 騰踊ᄒᆞ야 米至石萬錢이어ᄂᆞᆯ 夏四月에 更造四銖錢ᄒᆞ고 (四銖其文爲半兩十黍爲絫十絫爲銖二十四銖爲兩) 除盜鑄錢令ᄒᆞ야 使民

(殽之甚微)微細也言奸吏殽雜鉛鐵其所費甚微而得利甚厚也一·說微爲精微極妙也言殽雜鉛鐵其術精妙不可覺知而得利甚厚也

得自鑄어늘賈誼ㅣ諫曰法에使天下로公得雇租ᄒᆞ야鑄銅錫爲錢ᄒᆞ되敢雜以鉛鐵ᄒᆞ야爲他巧者는其罪ㅣ黥이라然이나鑄錢之情이非殽雜爲巧則不可得贏이니 音盈有餘也 贏餘利也 而殽之甚微나爲利甚厚라夫事有召禍而法有起姦이어늘今令細民으로人操造幣之勢ᄒᆞ야各隱屛 王氏曰隱屛言者隱身屛跡而鑄鐵 而鑄作ᄒᆞ고因欲禁其厚利微姦ᄒᆞ니雖黥罪ㅣ日報나其勢ㅣ不止라故로不如收之니이다 收謂收之於官官自鑄也

五年이라初에秦이半兩錢을用ᄒᆞ더니高祖ㅣ그重ᄒᆞ야用키難홈을嫌ᄒᆞ야다시莢錢을鑄ᄒᆞ니이에物價ㅣ騰踊ᄒᆞ야米가石에萬錢에至ᄒᆞ거ᄂᆞᆯ夏四月에다시四銖錢을造ᄒᆞ고盜鑄錢ᄒᆞᄂᆞᆫ令을除ᄒᆞ야民으로하야곰시러곰스ᄉᆞ로鑄케ᄒᆞ거ᄂᆞᆯ賈誼ㅣ諫ᄒᆞ야曰法에天下로ᄒᆞ야곰公으로雇租를得ᄒᆞ야銅鐵을鑄ᄒᆞ야錢을호되敢히鉛鐵로써雜ᄒᆞ야他巧를ᄒᆞᄂᆞᆫ者ᄂᆞᆫ그罪가黥이라然이ᄂᆞ鑄錢의情이殽雜ᄒᆞ야巧ᄒᆞ지아니ᄒᆞᆫ則가히贏을得치못ᄒᆞᆯ지니殽ᄒᆞ기ᄂᆞᆫ甚히微ᄒᆞ나利ᄒᆞ기ᄂᆞᆫ甚히厚ᄒᆞᆫ지라무릇事ᄂᆞᆫ禍를召홈이有ᄒᆞ고法은姦을起케홈이有ᄒᆞ거ᄂᆞᆯ이제細民으로하야곰人이造幣ᄒᆞᄂᆞᆫ勢를操ᄒᆞ야 各各隱屛ᄒᆞ야鑄作ᄒᆞ고인ᄒᆞ야그厚利와微姦을禁코져ᄒᆞ니비록黥罪가日로報ᄒᆞ나그勢ㅣ止치못ᄒᆞᆯ지라故로收홈만如치못ᄒᆞ니이다

(亡用之器)言飢不可食寒不可衣也

(不可長)長謂蓄養也言此事宜速禁絕不可蓄養也

賈山이 亦上書諫ᄒᆞ야 以爲錢者ᄂᆞᆫ 亡用之器也로ᄃᆡ(亡讀作無) 而可以易富貴니 富貴者ᄂᆞᆫ 人主之操柄也라 今民이 爲之면 是ᄂᆞᆫ 與人主로 共操柄이니 不可長也ㅣ니이다 上이 不聽ᄒᆞ다(出漢書食貨志及賈山傳)

賈山이 또 書를 上ᄒᆞ야 諫ᄒᆞ야 써 ᄒᆞ되 錢이란 者ᄂᆞᆫ 쓸ᄃᆡ 업ᄂᆞᆫ 器나 可히 써 富貴를 易할 자니 富貴라 ᄒᆞᄂᆞᆫ 者ᄂᆞᆫ 人主의 操柄이라 이제 民이 ᄒᆞ면 이ᄂᆞᆫ 人主로 더브러 操柄을 共ᄒᆞᆷ이니 可히 長치 말지니이다 上이 聽치 안타

(丁卯)六年이라 淮南厲王長이 謀反이어ᄂᆞᆯ 廢處蜀郡ᄒᆞᆫᄃᆡ 憤恚不食死ᄒᆞ다(本傳云民有作歌歌之曰一尺布尚可縫一斗粟尚可舂兄弟二人不相容)

六年이라 淮南厲王長이 反을 謀ᄒᆞ거ᄂᆞᆯ 廢ᄒᆞ야 蜀郡에 處ᄒᆞᆫᄃᆡ 憤恚ᄒᆞ야 食치 안코 死ᄒᆞ다

梁太傅賈誼ㅣ 上疏曰(本傳云是時匈奴强侵邊諸侯王僭擬淮南濟北皆以逆誅誼乃上疏曰) 臣은 竊惟今之事勢호니 可爲痛哭者ㅣ 一이오 可爲流涕者ㅣ 二오 可爲長太息者六이로소니 若其他背理而傷道者ᄂᆞᆫ 難徧以疏擧로소이다

梁太傅賈誼ㅣ 疏를 上ᄒᆞ야 曰 臣은 竊히 今의 事勢를 惟호니 可히 痛哭홀 者ㅣ 一이오

可히流涕할者ㅣ二오可히長太息할者ㅣ六이오其他에理를背하고道를傷하는것갓흔者는두루疏로써擧키難하도소이다

進言者ㅣ皆曰天下ㅣ已安已治矣라호대 臣은獨以爲未也라하노이다

言을進하는者ㅣ다갈오대天下ㅣ임의安하고임의治하얏다호대臣은홀로써하되안이라하노이다

夫抱火厝之積薪之下而寢其上ᄒᆞ야 (厝置也) 火未及然에 因謂之安이다ᄒᆞ니 方今之勢ㅣ何以異此리잇고 陛下ㅣ何不壹令臣으로得熟數之於前ᄒᆞ시고 因陳治安之策ᄒᆞ야 試詳擇焉이니잇고

무릇火를抱ᄒᆞ야積薪의下에厝ᄒᆞ고그上에寢ᄒᆞ야火가밋쳐然치아니홈의因ᄒᆞ야謂ᄒᆞ되安ᄒᆞ다ᄒᆞ니方今의勢ㅣ엇지써此와異ᄒᆞ리잇고陛下ㅣ엇지ᄒᆞ야ᄒᆞᆫ번臣으로ᄒᆞ야곰시러곰前에셔熟數케ᄒᆞ시고因ᄒᆞ야治安의策을陳ᄒᆞ야試ᄒᆞ야詳히擇치아니ᄒᆞ시ᄂᆞ잇고

夫建久安之勢ᄒᆞ고 成長治之策ᄒᆞ야 以幸天下ᄒᆞ고 以育羣生ᄒᆞ야 立經陳紀ᄒᆞ야 輕重同得이면 後可以爲萬世法程이 至明也ㅣ니이다 以

(樹)立也
(鼎盛)鼎方也出賈誼傳天子春秋鼎盛
(行義)行去聲
(莫大)文章正宗註師古曰最大也
莫又讀暮

陛下之明達로因使少知治體者로得佐下風이면 致此非難也ㅣ니이다

무릇久安의勢를建ᄒᆞ고長治의策을成ᄒᆞ야써天下를幸ᄒᆞ고써羣生을育ᄒᆞ야經을立ᄒᆞ고紀를陳ᄒᆞ야輕과重를同히得ᄒᆞ면後에可히써萬世의法程됨이至明ᄒᆞ니이다陛下의明達로써因ᄒᆞ야져어治體를知ᄒᆞᄂᆞᆫ者로ᄒᆞ야곰시러곰下風을佐ᄒᆞ면此를致ᄒᆞ기難치아니ᄒᆞ니이다

夫樹國은 固必相疑之勢니 (師古曰立國泰大其勢必固相疑) 甚非所以安上而全下也ㅣ라 今或親弟ㅣ 謀爲東帝ᄒᆞ고 (淮南王反誅) 親兄之子ㅣ 西鄉而擊ᄒᆞ고 (謂齊悼惠王子興居因濟北王反欲擊取滎陽也) 今吳ㅣ 又見告矣라 (時吳王不導漢法有告之者) 天子ㅣ 春秋鼎盛ᄒᆞ샤 行義未過ᄒᆞ시고 德澤이 有加焉이샤도 猶尙如此어든 況莫大諸侯權力이 且十此者乎잇가

무릇國을樹ᄒᆞᆷ은진실로반다시셔로疑ᄒᆞᄂᆞᆫ勢니甚히써上을安ᄒᆞ고下를全ᄒᆞᄂᆞᆫ바이아니라今에或親弟가東帝되기를謀ᄒᆞ며親兄의子ㅣ西로鄕ᄒᆞ야擊ᄒᆞ며今에吳ㅣ또告ᄒᆞᆷ을見ᄒᆞᆫ지라天子ㅣ春秋가鼎盛ᄒᆞ사行義가過치안ᄒᆞ시고德澤이加ᄒᆞᆷ이

(嬰繞也加也)

有ᄒᆞ사도오작오히려어갓거든하믈며莫大에諸侯의權力이또이에十이나될者ㅣ리잇가

屠牛坦이一朝에解十二牛而芒刃이不鈍者는其排擊剝割이皆衆理解也오至於髖髀之所ᄒᆞ야는非斤則斧니夫仁義恩厚는人主之芒刃也오權勢法制는人主之斤斧也라今諸侯王은皆衆髖髀也어ᄂᆞᆯ釋斤斧之用而欲嬰以芒刃ᄒᆞ니臣은以爲不缺則折이라ᄒᆞ노이다

髖音寬髀音陛股骨也言骨大故須用斤斧也

屠牛坦이一朝에十二牛를解호ᄃᆡ芒刃이鈍치안ᄒᆞᆫ者는그排擊ᄒᆞ고剝割ᄒᆞᆷ이다衆理로解ᄒᆞᆷ이오髖髀의所에至ᄒᆞ야는斤이아닌즉斧ㅣ니무릇仁義와恩厚는人主의芒刃이오權勢와法制는人主의斤斧라今諸侯王은다衆髖髀어ᄂᆞᆯ斤斧의用을釋ᄒᆞ고芒刃으로써嬰코자ᄒᆞ니臣은써ᄒᆞ되缺치아니ᄒᆞᆫ則折ᄒᆞᆫ다ᄒᆞ노이다

欲天下之治安인ᄃᆡ莫若衆建諸侯而少其力이라力少則易使以義오國小則亡邪心이니令海內之勢로如身之使臂와臂之使指ᄒᆞ야莫不制從이면諸侯之君이莫敢有異心ᄒᆞ야輻湊竝進而

(赤子)嬰兒體色赤故赤子韵書胸前謂之嬰嘗之胷前故曰嬰兒
(植遺腹)植音値置也
(委裘)天子未坐朝事先帝裘衣

歸命天子ᄒᆞ리니(輻輳也凡輪有三十輻共輳於一轂以喩四方皆來) 割地定制ᄒᆞ야 地制一定이면 宗室子孫이 莫慮不王이라

天下의安을治코져ᄒᆞᆯ진ᄃᆡ諸侯를衆建ᄒᆞ야그力을少케ᄒᆞᆷ만갓지아는지라力이少ᄒᆞᆫ則義로써使ᄒᆞ기易ᄒᆞ고國이少ᄒᆞᆫ則邪心이亡ᄒᆞ니海內의勢로ᄒᆞ야곰身이臂을使ᄒᆞ고臂가指를使ᄒᆞᆷ과如ᄒᆞ야制從치아니ᄒᆞ리가업스면諸侯의君이敢히異心을두지못ᄒᆞ야輻湊로並進ᄒᆞ야命을天子게歸ᄒᆞ리니地를割ᄒᆞ고制를定ᄒᆞ야地制가一定ᄒᆞ면宗室子孫이王치아니ᄒᆞᆯ慮가업슬지라

下無背畔之心ᄒᆞ고 上無誅伐之志ᄒᆞ야 法立而不犯ᄒᆞ고 令行而不逆ᄒᆞ야 臥赤子天下之上而安ᄒᆞ고 植遺腹朝委裘而天下ㅣ不亂ᄒᆞ리니 陛下ㅣ誰憚而久不爲此ᄒᆞ시니잇고

下로背畔의心이無ᄒᆞ고上으로誅伐의志가無ᄒᆞ야法이立ᄒᆞ야犯치아니ᄒᆞ고令이行ᄒᆞ야逆치아니ᄒᆞ야赤子를天下의上에臥호ᄃᆡ安ᄒᆞ고遺腹을植ᄒᆞ고委裘에朝호ᄃᆡ天下ㅣ亂치아니ᄒᆞ리니陛下ㅣ誰를憚ᄒᆞ야久히此를爲치아니ᄒᆞ시ᄂᆞᆫ잇고

天下之勢ㅣ方病大瘇ᄒᆞ야(足腫病也) 一脛之大ㅣ幾如腰ᄒᆞ고 一指之大

(痼疾)堅久之病(扁鵲)春秋時良醫也姓秦名越人與軒轅時扁鵲相類故因號扁鵲又家於盧國故因名盧醫(不能爲)爲治也

ㅣ幾如股ᄒᆞ야平居에不可屈伸ᄒᆞ니失今不治면必爲痼疾이다後雖有扁鵲이나不能爲已니可爲痛哭者ㅣ此也로소이다

天下의勢ㅣ바야흐로大瘇을病ᄒᆞ야一脛의大홈이거의腰와갓고一指의大홈이거의股와갓히平居에可히屈ᄒᆞ고伸ᄒᆞ지못ᄒᆞ니今을失ᄒᆞ고治치아니ᄒᆞ면반다시痼疾이될지라後에비록扁鵲이有ᄒᆞ나能히爲치못ᄒᆞ고말니니可히痛哭홀者ㅣ此로소이다

天下之勢ㅣ方倒懸ᄒᆞ니天子者는天下之首ㅣ니何也오上也오蠻夷者는天下之足이니何也오下也라今에匈奴ㅣ嫚侮侵掠ᄒᆞ야至不敬也어ᄂᆞᆯ而漢이歲致金絮采繒以奉之ᄒᆞ니足反居上이오首顧居下ㅣ라倒懸이如此ᄒᆞ되莫之能解ᄒᆞ니猶爲國有人乎잇가可爲流涕者ㅣ此也로소이다

天下의勢ㅣ바야흐로겨구로달녓ᄉᆞ니天子라ᄒᆞᄂᆞᆫ者ᄂᆞᆫ天下의首ㅣ니何인고上이오蠻夷라ᄒᆞᄂᆞᆫ者ᄂᆞᆫ天下의足이니何인고下이라今에匈奴ㅣ嫚侮ᄒᆞ고侵掠ᄒᆞ야지극히不敬ᄒᆞ거ᄂᆞᆯ漢이歲로金絮采繒을致ᄒᆞ야써奉ᄒᆞ니足이도로혀上에居ᄒᆞ고首

(屬國)領外夷之官也 (中行說)行胡剛反說音悅中行複姓說名也本漢人凶奴老上單于請和許之遂遺宗室女翁主爲單于閼氏使宦者中行說傅翁主不肯行強使之說至降單于甚親幸細條漢事爲害至大

가도로혀下에居혼지라倒懸홈이이와갓되能히解홀리가업스니오히려國에人이有혼다홀리잇가可히涕를流홀者ㅣ此로소이다

臣은竊料匈奴之衆이 不過漢一大縣이어늘 以天下之大로 困於一縣之衆ᄒᆞ니 甚爲執事者羞之ᄒᆞ노이다 陛下ㅣ何不試以臣으로爲屬國之官而主匈奴ㅣ시니잇고 行臣之計ㄴ대 請必繫單于之頸而制其命ᄒᆞ고 伏中行說而笞其背ᄒᆞ고 (中行說降凶奴常爲漢患) 擧匈奴之衆ᄒᆞ야 唯上所令ᄒᆞ리이다

臣은잔졀이料컨ᄃᆡ匈奴의衆이漢의一大縣에過치안커늘天下의大홈로써一縣의衆에困ᄒᆞ니甚히執事혼者를爲ᄒᆞ야羞ᄒᆞ노이다陛下ㅣ엇지ᄒᆞ야試ᄒᆞ야臣으로써屬國의官을삼아匈奴를主케아니ᄒᆞ시ᄂᆞ잇고臣의計를行홀진ᄃᆡ請컨ᄃᆡ반다시單于의頸을繫ᄒᆞ야그命을制ᄒᆞ고中行說을伏ᄒᆞ야其背를笞ᄒᆞ고匈奴의衆을擧ᄒᆞ야上의令ᄒᆞ논바와갓게ᄒᆞ리이다

今에 不獵猛敵而獵田彘ᄒᆞ고 不搏反寇而搏畜兎ᄒᆞ야 翫細娛而不圖大患ᄒᆞ야 德可遠施로ᄃᆡ 威可遠加로ᄃᆡ 而直數百里外에 威令이

(以緣)緣音硯衣緣衣純也比之衣加純緣也
(舛)錯亂也
(衣)着衣也

不伸ᄒᆞ니可爲流涕者ㅣ此也ㅣ로소이다
今에猛獸을獵치아니ᄒᆞ고田彘를獵ᄒᆞ고反寇를搏치아니ᄒᆞ고畜兎를搏ᄒᆞ야細娛를翫ᄒᆞ고大患을圖치아니ᄒᆞ야德이可히遠에施ᄒᆞ고威가可히遠에加호ᄃᆡ곳數百里外에威와令이伸치못ᄒᆞ니可하流涕ᄒᆞᆯ者ㅣ此ㅣ로소이다

今에庶人屋壁은得爲帝服ᄒᆞ고倡優下賤은得爲后飾ᄒᆞ고且帝之身은自衣皀綈어ᄂᆞᆯ(綈厚繒也)而富民牆屋은被紋綉ᄒᆞ고天子之后ᄂᆞᆫ以緣其領이어ᄂᆞᆯ庶人孼妾은以緣其履ᄒᆞ니此ᄂᆞᆫ臣所謂舛也ㅣ니이다
今에庶人屋壁은帝服을엇어ᄒᆞ고倡優下賤은后飾을엇어ᄒᆞ고ᄯᅩ帝의身은ᄉᆞᄉᆞ로皀綈를衣ᄒᆞ거ᄂᆞᆯ富民墻屋은紋綉를被ᄒᆞ고天子의后ᄂᆞᆫ써그領을緣ᄒᆞ거ᄂᆞᆯ庶人孼妾은써그履를緣ᄒᆞ니이ᄂᆞᆫ臣의일운바舛이니이다

夫百人이作之에不能衣一人이면欲天下亡寒이나胡可得也ㅣ며一人이耕之에十人이聚而食之면欲天下亡飢나不可得也ㅣ라飢寒이切於民之飢膚면欲其亡爲姦邪나不可得也ㅣ니可爲長太息者ㅣ此也ㅣ로소이다

(與公)婦謂舅曰公與公並倨無禮之甚也

(慈子耆利)謂秦人不知孝義但知愛子貪利而已

무못百人이作홈의能히一人을衣치못ᄒᆞ면天下ㅣ寒이亡코져ᄒᆞ나엇지可히得ᄒᆞ며一人이耕홈의十人이聚ᄒᆞ야食ᄒᆞ면天下가飢홈이亾코져ᄒᆞ나可히得치못홀지라飢寒이民의肌膚에切ᄒᆞ면그姦邪홈이亡코져ᄒᆞ나可히得치못홀지니可히長太息홀者ㅣ此로소이다

商君이遺禮義棄仁恩ᄒᆞ고 商君公孫鞅也事見周顯王十年 幷心於進取ᄒᆞ니行之二歲에秦俗이日敗라故로秦人이家富子壯則出分ᄒᆞ고家貧子壯則出贅ᄒᆞ야 謂之贅壻言不當出妻家猶人身有肬贅 借父耰鉏에慮有德色ᄒᆞ고 耰音憂摩田器也王氏曰慮疑也謂疑其容色自矜爲恩德也 母取箕帚에立而誶語ᄒᆞ고 誶音碎詰責也 抱哺其子에與公倂倨ᄒᆞ고 謂公對敵而相拒也 婦姑ㅣ不相說則反脣而相稽ᄒᆞ니 反脣調口也相稽謂相與計校也 其慈子耆利ㅣ不同禽獸者ㅣ亡幾矣라

商君이禮義를遺ᄒᆞ고仁恩을棄ᄒᆞ고心을進取홈의並ᄒᆞ니行ᄒᆞᆫ지二歲에秦俗이日로敗ᄒᆞᆫ지라故로秦人이家가富ᄒᆞ고子가壯ᄒᆞᆫ則出分ᄒᆞ고家가貧ᄒᆞ고子가壯ᄒᆞᆫ則出贅ᄒᆞ야父에게耰鉏를借홈의德色이有홈을慮ᄒᆞ고母가箕帚를取홈의立ᄒᆞ야誶ᄒᆞ야語ᄒᆞ고其子를抱哺홈의公으로더부러倂倨ᄒᆞ고婦와姑ㅣ서로說치아니ᄒᆞᆫ則脣을反ᄒᆞ고서로稽ᄒᆞ니그子를慈ᄒᆞ고利를耆홈이禽獸와同치아ᄒᆞᆫ者ㅣ얼마아니

(剟)割取也寢謂陵寢搴取也

(大故)大故言公卿大臣特以簿書期會爲急不知正俗厲行義也是時漢張倉爲宰相倉故秦吏故所知止此

되얏는지라

今其遺風餘俗이 猶尙未改하야 棄禮義捐廉耻ㅣ 日甚하니 可謂月異而歲不同矣라 今之盜者ㅣ 剟寢戶之簾하고 搴兩廟之器하고 白晝大都之中에 剽吏而奪之金하니 此其無行義之尤至者也어늘 而大臣이 特以簿書不報期會之間으로 以爲大故라하고 至於俗流失世壞敗하야는 因恬而不知恠하야 慮不動於耳目하야 以爲是適然耳라하니 夫移風易俗하야 使天下로 回心而鄕道類는 非俗吏之所能爲也ㅣ라 俗吏之所務는 在於刀筆筐篋(所以盛文書)而不知大體하니 竊爲陛下惜之하노이다

今에그遺風과餘俗이오히려改치못하야禮義를棄하고廉耻를捐함이日로甚하니可히이르되月로異하고歲로同치아닌지라今에盜者ㅣ寢戶의簾을剟하고兩廟의器를搴하고白晝大都의中에吏를剽하야金을奪하니이것이그行義가無함이더욱至한者어늘大臣이特히簿書를期會의間에報치아니함으로써大故가된다하고俗이流失하고世가壞敗함의至하야는因하야恬하고怪함을아지못하야慮가耳目에

(四維)維紀綱也

(寒心)凡人寒甚心戰恐懼亦戰以懼比寒也

(經制)經常也

(六親)父母兄弟妻子也

(循持)執持而順行之也

動치아니ᄒᆞ야써ᄒᆞ되이適然ᄒᆞ다ᄒᆞ니무릇風을移ᄒᆞ고俗을易ᄒᆞ야天下로ᄒᆞ야곰心을回ᄒᆞ고道로鄕ᄒᆞᄂᆞᆫ類ᄂᆞᆫ俗吏의能히ᄒᆞᆯ바ㅣ아니라俗吏의務ᄒᆞᄂᆞᆫ바ᄂᆞᆫ刀筆과筐篋에在ᄒᆞ고大體를知치못ᄒᆞ니竊히陛下를爲ᄒᆞ야惜ᄒᆞ노이다

筦子ㅣ曰 (筦與管同管仲所著書名管子) 禮義廉恥ᄂᆞᆫ 是謂四維니 四維ㅣ不張이면 國乃滅亡이라ᄒᆞ니 使筦子로 愚人也則可커니와 筦子而小知治體則是豈可不爲寒心哉잇가

筦子ㅣ曰禮義와廉恥ᄂᆞᆫ이이르되四維니四維ㅣ張치못ᄒᆞ면國이이에滅亡ᄒᆞᆫ다ᄒᆞ니筦子로ᄒᆞ야곰愚人이라ᄒᆞᆫ則可ᄒᆞ거니와筦子로治體를小知ᄒᆞᆫ다ᄒᆞᆫ則이엇지可히寒心ᄒᆞ지아ᄒᆞ리잇가

今四維ㅣ猶未備也어ᄂᆞᆯ 豈如今에 定經制ᄒᆞ야 令君君臣臣ᄒᆞ야 上下有差ᄒᆞ고 父子六親이 各得其宜리잇고 此業이 壹定이면 世世常安而後有所持循矣리이다 若夫經制不定이면 是ᄂᆞᆫ 猶渡江河亡維楫이라 (王氏曰亡失也維所以繫舟楫所以進舟也) 中流而遇風波면 船必覆矣리니 可謂長太息者ㅣ此也로소이다

(暴)疾也急也

(端冕)端玄衣也端正無殺曰端冕冠名玄冕也

(見之南郊)以太子見于天也

今에四維ㅣ오히려備치못혼지라엇지如今에經制를定ᄒᆞ야ᄒᆞ야곰君을君ᄒᆞ고臣을臣ᄒᆞ야上下ㅣ差가有ᄒᆞ고父子六親이각각그宜를得ᄒᆞ리잇고이業이한번定ᄒᆞ면世世가常安ᄒᆞ야後에持循홀바가有ᄒᆞ리이다만일무릇經制를定치못ᄒᆞ면이ᄂᆞᆫ江河를渡호ᄃᆡ維楫을亡홈과ᄀᆞᆺ흔지라中流에셔風波를遇ᄒᆞ면船이반다시覆ᄒᆞ리니可히일으되長히太息홀者ㅣ此로소이다

夏殷周ᄂᆞᆫ爲天子에皆數十世ᄒᆞ고秦은爲天子에二世而亡ᄒᆞ니人性이不甚相遠也로ᄃᆡ何三代之君은有道之長而秦은無道之暴也오其故를可知也ㅣ라

夏殷周ᄂᆞᆫ天子ㅣ됨이다數十世를ᄒᆞ고秦은天子ㅣ됨이二世에亡ᄒᆞ얏스니人性이甚이서로遠치아니호대엇지ᄒᆞ야三代의君은道가有홈이長ᄒᆞ고秦은道가無홈이暴ᄒᆞ뇨그故를可히知홀지라

古之王者ㅣ太子ㅣ乃生에(乃始也下同)固擧以禮ᄒᆞ야有司ㅣ齊肅端冕ᄒᆞ야(齊讀作齋戒潔也)見之南郊ᄒᆞ고(言以太子見于天也見胡電反)過闕則下ᄒᆞ고過廟則趨라故로自爲赤子로而教固已行矣라

古의王者ㅣ太子ㅣ비로소生홈의진실로禮로써擧ᄒᆞ야有司ㅣ齊肅端冕ᄒᆞ야南郊

(以道)道與導同也

에見ᄒᆞ고闕을過ᄒᆞᆫ則下ᄒᆞ고廟를過ᄒᆞᆫ則趨ᄒᆞᄂᆞᆫ지라故로赤子됨으로브터敎가짐
짓임의行ᄒᆞᆫ지라

孩提ㅣ有識이어든 三公三少ㅣ固明孝仁禮義ᄒᆞ야 以道習之ᄒᆞ고 逐去邪人ᄒᆞ야 不使見惡行이라 於是에 皆選天下之端士孝悌博聞有道術者ᄒᆞ야 以衞翼之ᄒᆞ야 使與太子로 居處出入故로 太子ㅣ乃生에 而見正事ᄒᆞ며 聞正言ᄒᆞ며 行正道ᄒᆞ야 左右前後ㅣ皆正人也ㅣ라

孩提ㅣ識ᄒᆞᆷ이有ᄒᆞ거든三公과三少ㅣ진실로孝仁禮義를明ᄒᆞ야써道ᄒᆞ고習ᄒᆞ고邪人을逐去ᄒᆞ야ᄒᆞ야곰惡行을見치못ᄒᆞ게ᄒᆞᄂᆞᆫ지라이에다天下의端士에孝ᄒᆞ고悌ᄒᆞ고聞ᄒᆞᆷ이博ᄒᆞ고道術이有ᄒᆞᆫ者를選ᄒᆞ야써衞ᄒᆞ고翼ᄒᆞ야ᄒᆞ야곰太子로더부러居ᄒᆞ고處ᄒᆞ고出ᄒᆞ고入케ᄒᆞᄂᆞᆫ故로太子ㅣ이에生ᄒᆞᆷ의正事를見ᄒᆞ며正言을聞ᄒᆞ며正道를行ᄒᆞ야左右와前後ㅣ다正人이라

夫三代之所以長久者ᄂᆞᆫ 以其輔翼太子ᄒᆞ야 有此具也니라 及秦則不然ᄒᆞ야 使趙高로 傅胡亥而敎之獄ᄒᆞ야 所習者ㅣ 非斬劓(劓刖鼻也)人則夷人之三族也라 故로 胡亥ㅣ 今日卽位而明日射人ᄒᆞ야

忠諫者를謂之誹謗이라ᄒᆞ고深計者를謂之妖言이라ᄒᆞ야其視殺人을若艾草菅然ᄒᆞ니豈惟胡亥之性이惡哉리잇가(艾讀曰刈菅音姦 菅似茅而滑澤) 彼其所以道之者ㅣ非其理故也ㅣ니이다

무릇三代의써長久ᄒᆞᆫ밧者는써그太子를輔翼ᄒᆞ야이具가有ᄒᆞ엿더니秦에及ᄒᆞ얀則然치아니ᄒᆞ야趙高로하여곰胡亥를傅ᄒᆞ야獄으로敎ᄒᆞ야習ᄒᆞᆫ밧者ㅣ人을斬劓치아니ᄒᆞᆫ즉人의三族을夷ᄒᆞ는지라故로胡亥ㅣ오날날位에即ᄒᆞᆷ에밝는날人을射ᄒᆞ야忠諫ᄒᆞ는者를誹謗이라謂ᄒᆞ고深計ᄒᆞ는者를妖言이라謂ᄒᆞ야그殺人ᄒᆞᆷ을視ᄒᆞ기를草菅을艾ᄒᆞᆫ듯ᄒᆞ니읏지오즉胡亥의性이惡ᄒᆞᆷ이리잇가져그써道ᄒᆞ는밧者ㅣ그理가아닌故ㅣ니이다

凡人之智는能見已然이오不能見將然이라夫禮者는禁於將然之前而法者는禁於已然之後ᄒᆞᄂᆞ니是故로法之所爲用은易見而禮之所爲生은難知也ㅣ니이다

무릇人의智는能히已然을見ᄒᆞ고能히將然을見치못ᄒᆞ는지라무릇禮라ᄒᆞ는者는將然의前에서禁ᄒᆞ고法이라ᄒᆞ는者는已然의後에서禁ᄒᆞᄂᆞ니이러ᄒᆞᆫ故로法의用

(眇)細小

ᄒᆞ는바는見키易ᄒᆞ고禮의生ᄒᆞ는바는知키難ᄒᆞ니이다

若夫慶賞以勸善ᄒᆞ며 刑罰以懲惡은 先王이 執此之政을 堅如金石ᄒᆞ고 行此之令을 信如四時ᄒᆞ고 據此之公을 無私如天地ᄒᆞ니 豈顧不用哉잇가 然而曰禮云禮云者는 貴絶惡於未萌而起教於微眇ᄒᆞ야 使民으로 日遷善遠辜而不自知也ㅣ니이다

만일慶賞을勸善으로써ᄒᆞ고刑罰을懲惡으로써홈은先王이이의政을執ᄒᆞ기를金石과갓치堅히ᄒᆞ고이의令을行ᄒᆞ기를四時와갓치信히ᄒᆞ고此의公을據ᄒᆞ기를天地와갓치私가無ᄒᆞ니읏지도로혀用치아니ᄒᆞ릿가然이나禮云禮云이라는者는惡을未萌에絶ᄒᆞ고教를微眇에起ᄒᆞ야民으로ᄒᆞ여곰日로善에遷ᄒᆞ고辜를遠히ᄒᆞ야스ᄉᆞ로知치못ᄒᆞ게홈을貴히홈이니라

孔子ㅣ曰聽訟이 吾猶人也ㅣ나 必也使無訟乎ᆫ뎌ᄒᆞ시니 爲人主計者ㅣ 莫如先審取舍니 取舍之極이 定於內면 而安危之萌이 應於外矣니이라

孔子ㅣ曰訟을聽홈이吾ㅣ人과猶ᄒᆞ나반다시ᄒᆞ여곰訟이無케홀진뎌ᄒᆞ시니人主

를爲ᄒᆞ야計ᄒᆞᄂᆞᆫ者ㅣ먼져取舍를審ᄒᆞᆷ갓ᄒᆞᆷ이업스니取舍의極이內에셔定ᄒᆞ면安危의萌이外에應ᄒᆞᄂᆞ니이다

秦王之欲尊宗廟而安子孫이 與湯武로同이나 然而湯武ᄂᆞᆫ廣大其德ᄒᆞ샤行六七百歲而弗失ᄒᆞ시고 秦王은治天下十餘歲에則大敗ᄒᆞ니此ᄂᆞᆫ亡他故矣라 湯武之定取舍ᄂᆞᆫ審而秦王之定取舍ᄂᆞᆫ不審矣니이다

秦王이宗廟를尊ᄒᆞ고子孫을安코져ᄒᆞᆷ이湯武로더브러同ᄒᆞ나그러나湯武ᄂᆞᆫ그德을廣大히ᄒᆞ샤六七百歲를行ᄒᆞ되失치아니ᄒᆞ시고秦王은天下를治ᄒᆞᆫ지十餘歲에곳大敗ᄒᆞ얏스니이ᄂᆞᆫ다른故가업ᄉᆞᆷ이라湯武의取舍를定ᄒᆞᆷ은審ᄒᆞ고秦王의取舍를定ᄒᆞᆷ은審치아니ᄒᆞᆷ이니이다

夫天下ᄂᆞᆫ大器也라 今人之置器에 置諸安處則安ᄒᆞ고 置諸危處則危ᄒᆞᄂᆞ니 天下之情이與器로無以異ᄒᆞ야 在天子之所置之니이다

무릇天下ᄂᆞᆫ큰그릇이라이제人이器를置ᄒᆞᆷ의安ᄒᆞᆫ處에置ᄒᆞᆫ則安ᄒᆞ고危ᄒᆞᆫ處에置ᄒᆞᆫ則危ᄒᆞᄂᆞ니天下의情이器로더브러써異ᄒᆞᆷ이無ᄒᆞ야天子의置ᄒᆞᄂᆞᆫ바에잇다ᄒᆞᄂᆞ니다

旣古禍字

湯武ᄂᆞᆫ 置天下於仁義禮樂ᄒᆞ야 累子孫數十世ᄒᆞ니 此ᄂᆞᆫ 天下之所共聞也오 秦王은 置天下於法令刑罰ᄒᆞ야 旣幾及身ᄒᆞ고 子孫이 誅絕ᄒᆞ니 此ᄂᆞᆫ 天下之所共見也라 是ㅣ 非其明效大驗邪잇가

湯武ᄂᆞᆫ天下를仁義禮樂에置ᄒᆞ야子孫이數十世를累ᄒᆞ니此ᄂᆞᆫ天下에ᄒᆞᆫ가지聞ᄒᆞᆫ바이오秦王은天下를法令과刑罰에置ᄒᆞ야禍가거의身에及ᄒᆞ고子孫이誅絕ᄒᆞ니此ᄂᆞᆫ天下의ᄒᆞᆫ가지見ᄒᆞᆫ바이라이것이그明效와大驗이아니리잇가

人之言에 曰聽言之道ᄂᆞᆫ 必以其事로 觀之則言者ㅣ 莫敢妄言이라ᄒᆞ니 今或言禮義之不如法令ᄒᆞ며 教化之不如刑罰이어든 人主ㅣ 胡不引殷周秦事以觀之也ㅣ잇고

人의言에曰言을聽ᄒᆞᄂᆞᆫ道ᄂᆞᆫ반다시그事로써觀ᄒᆞᆫ則言ᄒᆞᆫ者ㅣ敢히妄言치못ᄒᆞᆫ다ᄒᆞ니今에혹禮義가法令과갓지못ᄒᆞ며教化가刑罰만갓지못ᄒᆞᆷ을言ᄒᆞ거든人主ㅣ엇지ᄒᆞ야殷周秦事를引ᄒᆞ야써觀치아니ᄒᆞᄂᆞᆫ잇고

人主之尊은 譬如堂ᄒᆞ고 羣臣은 如陛ᄒᆞ고 衆庶ᄂᆞᆫ 如地라 故로 陛九級上에 廉遠地則堂高ᄒᆞ고 陛無級ᄒᆞ야 廉近地則堂卑ᄒᆞ니

王氏曰書顧命夾兩階戺注堂廉曰戺廉

(九級)九等也天子之堂九尺諸候七尺大夫五尺士三尺

(易陵)陵乘也

稜也顏師古漢書注廉側隅也孫氏曰切詳顏注廉側偶也以廉近地對廉遠地而言之則廉隅無所謂上下矣當讀陛九級上爲句近歲大學出上廉遠地則堂高賦豈一時未加討論歟蘇文曰奧廉遠則堂陛峻林越漢雋亦曰廉遠地則堂高而並不言上廉

高者는 難攀이오 卑者는 易陵이니 理勢ㅣ然也라 故로 古者에 聖王이 制爲等列ᄒᆞ야 內有公卿大夫士ᄒᆞ고 外有公侯伯子男然後에 有官師小吏ᄒᆞ고 延及庶人ᄒᆞ야 等級이 分明而天子ㅣ 加焉이라 故로 其尊을 不可及也ㅣ니이다

人主의 尊은 譬컨대 堂과 如ᄒᆞ고 群臣은 陛와 如ᄒᆞ고 衆庶는 地와 如ᄒᆞᆫ지라 故로 陛九級上에 廉遠地ᄒᆞᆫ則 堂이 高ᄒᆞ고 陛에 級이 無ᄒᆞ야 廉近地ᄒᆞᆫ則 堂이 卑ᄒᆞ니 高ᄒᆞᆫ者는 攀키 難ᄒᆞ고 卑ᄒᆞᆫ者는 陵키 易ᄒᆞ니 理勢가 그런지라 故로 古者에 聖王이 制ᄒᆞ야 等列을 ᄒᆞ야 內로 公卿과 大夫와 士가 有ᄒᆞ고 外로 公과 侯와 伯과 子와 男이 有ᄒᆞᆫ 然後에 官師와 小吏가 有ᄒᆞ고 延ᄒᆞ야 庶人에 及ᄒᆞ야 等級이 分明ᄒᆞ야 天子ㅣ 加ᄒᆞ는지라 故로 그 尊을 可히 及치 못ᄒᆞᄂᆞ이다

里諺에 曰欲投鼠而忌器라ᄒᆞ니 此는 善諭也라 鼠近於器라도 尙憚不投는 恐傷其器어든 況於貴臣之近主乎잇가 廉恥節禮로 以治君子故로 有賜死而亡戮辱ᄒᆞ니 是以로 黥劓之辠ㅣ 不及大夫

(苴)履中之草 (罵詈)正斥曰罵傍及曰詈 (榜)音彭

는以其離主上不遠也ㅣ니이다 王氏曰黥文面也劓割鼻也記曲禮刑不上大夫注不與賢者犯法其犯法則在八議輕重不在刑書與音預大戴禮冉有問於孔子曰先王制法刑不上於大夫 然則大夫犯罪不可以加刑乎子曰不然 凡治君子以禮節其心所以厲之以廉耻之節也故古之大夫其有坐不廉汙穢而退放之者 不謂之不廉汚穢則曰簠簋不飾有坐淫亂男女無別者不謂之淫亂男女無別則曰帷薄不備有坐罔上不忠者不謂之罔上不忠則曰臣節未著有坐罷軟不勝任者不謂之罷軟不勝任則曰下官不職有坐干國之紀者不謂之干國之紀則曰行事不請此五者所以愧耻之也 又見家語五刑篇

里諺에曰鼠를投코져ᄒᆞ나器를忌ᄒᆞᆫ다ᄒᆞ니此ᄂᆞᆫ善ᄒᆞᆫ諭라鼠가器에近ᄒᆞ드라도오히려憚ᄒᆞ야投치아니ᄒᆞᆷ은그器를傷ᄒᆞᆯ가恐ᄒᆞ거든況貴臣이主에近ᄒᆞᆷ이릿가廉耻와節禮로써君子를治ᄒᆞᄂᆞᆫ故로死를賜ᄒᆞᆷ은有ᄒᆞ되戮ᄒᆞ고辱ᄒᆞᆷ이亡ᄒᆞ니이로써黥과劓의辜ㅣ大夫에게及치아니ᄒᆞᆷ은써그主上을離ᄒᆞᆷ이遠치아니ᄒᆞᆷ이니다

臣은聞之ᄒᆞ니履雖鮮이나不加於枕ᄒᆞ고冠雖敝ㅣ나不以苴履라ᄒᆞ니 夫嘗己在貴寵之位ᄒᆞ야天子ㅣ改容而體貌之矣오吏民이嘗俯伏以敬畏之矣니今而有過어든帝令廢之ㅣ可也며賜之死ㅣ可也며滅之ㅣ可也어늘若夫束縛之ᄒᆞ며係緤緤ᄒᆞ야 緤通作絏謂以長繩連係之也 輸之司寇ᄒᆞ며 司寇二歲刑輸作司寇因名焉或作輸之司空百官表宗正屬官有左右都司空上林有水司空皆主囚都官 編之徒官ᄒᆞ야 徒謂以罪輸贖而役作者編謂列次名籍也 司寇小吏ㅣ罵詈而榜笞之ᄒᆞ니殆非所以令衆庶見也니이다

(一旦)有一旦之刑

臣은드르니履가비록鮮ᄒᆞ나枕의加치아니ᄒᆞ고冠이비록敝ᄒᆞ나써履에苴치안는다ᄒᆞ니무릇얼즉임의貴寵의位에在ᄒᆞ야天子ㅣ容을改ᄒᆞ야體貌로ᄒᆞ고吏民이일즉이俯伏ᄒᆞ야써敬畏ᄒᆞ얏시니今에過가有ᄒᆞ거든帝ㅣᄒᆞ야곰廢홈이可ᄒᆞ며退홈이可ᄒᆞ며死를賜홈이可ᄒᆞ며滅홈이可ᄒᆞ거늘만일에束縛ᄒᆞ며係緤ᄒᆞ야司寇에輸ᄒᆞ며徒官에編ᄒᆞ야司寇와小吏ㅣ詈罵ᄒᆞ고榜笞ᄒᆞ니자못써衆庶로ᄒᆞ야곰見홀바이아니니이다

夫卑賤者ㅣ 習知尊貴者之一旦에 吾亦乃可以加此也ㅣ라ᄒᆞ나니 非所以尊尊貴貴之化也ㅣ니이다

무릇卑賤ᄒᆞᆫ者ㅣ익히尊貴ᄒᆞᆫ者를知ᄒᆞ기를一旦에吾도또이에可히써此에加ᄒᆞᆫ다ᄒᆞᄂᆞ니써尊을尊히ᄒᆞ고貴를貴히ᄒᆞ는바化가아니니이다

古者에 大臣이 有坐不廉而廢者를 不曰不廉이라ᄒᆞ고 曰簠簋不飾이라ᄒᆞ고 (簠簋皆禮器簠外方內圓以盛稻粱簋外圓內方以盛黍稷並有蓋形象龜黨簋音甫軌飾整齊也) 坐汙穢淫亂ᄒᆞ야男女ㅣ無別者를 不曰汙穢라ᄒᆞ고 曰帷薄不修라ᄒᆞ고 (帷幔也薄一作箔簾也風俗通曰鄉大夫帷士以箔所以自障蔽循理也) 坐罷軟不勝任者를 不曰罷軟이라ᄒᆞ고 曰下官不職이라ᄒᆞ니 (罷讀曰疲) 故로 貴大臣이 定有

(不御之權) 忘家可托權柄不須復制御之

其辜矣라도猶未斥然正以呼之也이니다

古者에大臣이不廉에坐흠이有ᄒᆞ야廢ᄒᆞᆫ者를ᄀᆞᆯᄋᆞᄃᆡ不廉이라아니ᄒᆞ고ᄀᆞᆯᄋᆞᄃᆡ簠簋를飾지아니ᄒᆞ얏다ᄒᆞ고汙穢ᄒᆞ고淫亂흠에坐ᄒᆞ야男女ㅣ別이無ᄒᆞᆫ者를ᄀᆞᆯᄋᆞᄃᆡ汙穢라아니ᄒᆞ고ᄀᆞᆯᄋᆞᄃᆡ帷와薄을修치아니ᄒᆞ얏다ᄒᆞ고罷軟에坐ᄒᆞ야任을勝치못ᄒᆞᄂᆞᆫ者를ᄀᆞᆯᄋᆞᄃᆡ罷軟이라아니ᄒᆞ고ᄀᆞᆯᄋᆞᄃᆡ下官이職치아니ᄒᆞᆫ다ᄒᆞ니故로貴大臣이定히그辜ㅣ有ᄒᆞ더라도오히려斥然히바로써呼치안ᄂᆞ이다

上設廉耻禮義ᄒᆞ야以遇其臣而臣不以節行으로報其上者ᄂᆞᆫ則非人類也라故로化成俗定則爲人臣者ㅣ皆顧行而忘利ᄒᆞ고守節而仗義故로可以託不御之權ᄒᆞ며可以寄六尺之孤ㅣ니此ᄂᆞᆫ厲廉耻行禮義之所致也어ᄂᆞᆯ此之不爲而顧彼之久行ᄒᆞ니 顧猶反也 何言不爲投羅不可之法而反久行彼無人行之事 故로曰可爲長太息者ㅣ此也로소이다 東萊曰可爲痛哭者一謂諸侯强大也可爲流涕者二謂如甸嫚侮有可制之策而不用也可爲長太息者有六見於史者有三變風俗也教太子也體貌大臣也

上이廉恥와禮義를設ᄒᆞ야써그臣을遇ᄒᆞᄃᆡ臣이節行으로써그上을報치안ᄂᆞᆫ者ᄂᆞᆫ곳人類가아니라故로化ㅣ成ᄒᆞ야俗이定ᄒᆞᆫ則人君되ᄂᆞᆫ者ㅣ다行을顧ᄒᆞ고利를忘

ᄒᆞ고節을守ᄒᆞ고義를仗ᄒᆞᄂᆞᆫ故로可히써不御의權을託ᄒᆞ며可히써六尺의孤를寄ᄒᆞᆯ지니이ᄂᆞᆫ廉耻를厲ᄒᆞ고禮義를行ᄒᆞᄂᆞᆫ所致어ᄂᆞᆯ이를爲치안코도로혀彼를久히行ᄒᆞ니故로曰可히長히太息ᄒᆞᆯ者ㅣ此로소이다

誼ㅣ以絳侯ㅣ前逮繫獄에卒無事實故로以此譏上이러니上이深納其言ᄒᆞ야養臣下有節ᄒᆞ니是後대大臣이有罪면皆自殺ᄒᆞ고不受刑ᄒᆞ더라 出賈誼傳

誼ㅣ絳侯ㅣ前에獄에逮繫ᄒᆞᆷ의맛ᄎᆞᆷ事實이無ᄒᆞᆫ故로써이로써上을譏ᄒᆞ얏더니上이深히그言을納ᄒᆞ야臣下를養ᄒᆞ기를節이有ᄒᆞ니이後에大臣이罪가有ᄒᆞ면다ᄉᆞᄉᆞ로殺ᄒᆞ고刑을受치안터라

班固贊曰劉向稱賈誼言三代與秦治乱之意其論甚美通達國體雖古之伊管未能遠過也使時見用功化必盛爲庸臣所害甚可悼痛追觀孝文玄默躬行以移風俗誼之所陳略施行矣及欲改定制度以漢爲土德色上黃數用五又欲試屬國施五餌三表以係單于其術己踈矣誼以天年早終雖不至公卿未爲不遇也○新增養心吳氏曰按誼傳後爲梁王太傅王墜馬死誼自傷爲傅無狀常哭泣後歲餘亦死王安石詩曰懷王自墜馬賈傅至死悲古人事一職豈敢苟然爲哭死非爲生吾心良不歇滔滔聲利間絳灌復何爲東坡曰若賈生者非漢文之不用生生中能用於漢文也夫絳灌君臣相得之分豈

(引分)引刀也言引決令自殺也

(往哭)以示其不死也

特父子骨肉手足哉賈生洛陽之年少欲使一朝之間盡棄其舊而謂其新亦已難矣爲賈生者上得其君下得其大臣如絳灌之屬優游浸漬而深交之然後唯吾之所欲爲安有立談之間而遽爲人痛哭哉及其過湘爲賦以吊屈原趯然有遠去之志其後卒以自傷哭泣至於死絶是以不善處窮者也嗚呼賈生志大而量小學有餘而識不足也東萊先生謂合王蘇二說觀之則生之醇疵可見也

(辛未)十年이라 將軍薄昭ㅣ 殺漢使者어늘 帝ㅣ 不忍加誅ᄒᆞ고 使公卿으로 從之飮酒ᄒᆞ고 欲令自引分이러니 昭ㅣ 不肯이어늘 使羣臣으로 喪服往哭之ᄒᆞ니 乃自殺ᄒᆞ다 出太后傳

十年이라將軍薄昭ㅣ漢使者를殺ᄒᆞ거늘帝ㅣ참아誅를加치못ᄒᆞ고公卿으로ᄒᆞ야곰從ᄒᆞ야酒를飮ᄒᆞ고ᄒᆞ야곰ᄉᆞᄉᆞ로引分케ᄒᆞ고ᄌᆞᄒᆞ얏더니昭ㅣ肯치안커늘羣臣으로ᄒᆞ야곰喪服ᄒᆞ고往ᄒᆞ야哭ᄒᆞ니이에ᄉᆞᄉᆞ로殺ᄒᆞ다

溫公曰李德裕以爲漢文帝誅薄昭斷則明矣於義則未安也秦康送晉文興如存之感況太后尙存唯一弟薄昭斷之不疑非所以慰母氏之心也臣愚以爲法者天下之公器惟善持法者親踈如一無所不行則人莫敢有所持而犯之也夫昭雖素稱長者文帝不爲置賢師傳而用之典兵驕而犯上至於殺漢使者非有恃而然乎又若從而赦之則與成哀之世何異哉魏文帝嘗稱漢文帝之美而不取其殺昭曰舅后之家但當養有以恩

而不當假借以權旣觸罪法又不得不害識文帝之始不防閑昭也斯言得之美然則欲
慰毋心者將謀之於始乎

漢紀

太宗孝文皇帝下

(壬申)十一年이라 匈奴ㅣ數爲邊患이어늘 (數色角反) 鼂錯ㅣ上言兵事 (鼂錯音朝厝史記錯又如字讀) 曰臣은聞用兵臨戰에合刃之急이有三ᄒᆞ니一曰得地形이오二曰卒服習이오三曰器用利라故로兵法에器械ㅣ不利면以其卒로予敵也오卒不可用이면以其將으로予敵也오將不知兵이면以其主로予敵也오君不擇將이면以其國으로予敵也ㅣ라ᄒᆞ니四者는兵之至要也ㅣ라

十一年이라匈奴ㅣ자조邊患이되거늘鼂錯ㅣ兵事를올녀말ᄒᆞ야曰臣은드르니兵을用ᄒᆞ야戰에臨ᄒᆞᆷ의刃을合ᄒᆞᄂᆞᆫ急이三이有ᄒᆞ니一은曰地形을得ᄒᆞᆷ이오二ᄂᆞᆫ曰卒이服習ᄒᆞᆷ이오三은曰器用이利ᄒᆞᆷ이라故로兵法에器械가利치못ᄒᆞ면그卒로써敵을予ᄒᆞᆷ이오卒을可히用치못ᄒᆞ면그將으로써敵을予ᄒᆞᆷ이오將이兵을知치못ᄒᆞ

(卒服)服亦習也

(予)與同

(與弗)不如也

(什伍)伍人爲伍二伍爲什

(材官)有力者

면그 主로써 敵을予ᄒᆞᆷ이오君이將을擇치못ᄒᆞ면그國으로써敵을予ᄒᆞᆷ이라ᄒᆞ니四者ᄂᆞᆫ兵의至要라

臣은又聞以蠻夷로攻蠻夷ᄂᆞᆫ中國之形也ㅣ라ᄒᆞ니今에凶奴ㅣ地形技藝ㅣ與中國으로異ᄒᆞ니上下山阪ᄒᆞ며出入溪澗者ᄂᆞᆫ中國之馬ㅣ弗與也오險道傾仄에且馳且射ᄂᆞᆫ中國之騎ㅣ弗與也오風雨罷勞에飢渴不困은中國之人이弗與也ㅣ니此ᄂᆞᆫ凶奴之長技也오

臣은또드르니蠻夷로써蠻夷를攻ᄒᆞᆷ은中國의形이라ᄒᆞ니今에匈奴ㅣ地形과技藝가中國으로더브러異ᄒᆞ니山阪을上下ᄒᆞ며溪澗을出入ᄒᆞᄂᆞᆫ者ᄂᆞᆫ中國의馬ㅣ與치못ᄒᆞ고險道가傾仄ᄒᆞᆷ의또ᄒᆞᆫ馳ᄒᆞ고또ᄒᆞᆫ射ᄒᆞᆷ은中國의騎가與치못ᄒᆞ고風雨에罷勞ᄒᆞᆷ의飢渴에困치아니ᄒᆞᆷ은中國의人이與치못ᄒᆞ니이ᄂᆞᆫ匈奴의長技오

若夫平原易地에輕車突騎則凶奴之衆이易撓亂也오勁弩長戟으로射疏及遠 王氏曰長戟恐誤或者勁弩如今九牛大弩以槍爲矢故可射疏及遠然戟有鉤叉不可射疏與踈通 則凶奴之弓이弗能格也오堅甲利刅으로長短相雜ᄒᆞ며遊弩往來ᄒᆞ야什伍俱前則凶奴之兵이弗能當也오材官騶發에矢道同的則凶奴之

(革笥)以皮作如鎧者被之 (木薦)以木板作如楯 (薄)迫也

革笥木薦이 弗能支也오 下馬地鬪에 劍戟이 相接ᄒᆞ야 去就相薄則凶奴之足이 弗能給也ㅣ니 此는 中國之長技也ㅣ라

만일무릇平原易地에輕車와突騎인則凶奴의衆이撓亂키易ᄒᆞ고勁弩와長戟으로疏를射ᄒᆞ야遠에及홈인則凶奴의弓이能히格치못ᄒᆞ고堅甲과利刃으로長短이서로雜ᄒᆞ며遊弩가往來ᄒᆞ야什伍가前를俱히ᄒᆞᆫ則匈奴의兵이能히當치못ᄒᆞ고材官이騶發홈의矢의道가的을同히ᄒᆞᆫ則匈奴의革笥와木薦이能히支치못ᄒᆞ고馬에下ᄒᆞ야地에서鬪홈의劒戟이서로接ᄒᆞ야去就가서로薄ᄒᆞᆫ則匈奴의足이能히給치못ᄒᆞ니此는中國의長技라

以此觀之컨대 凶奴之長技는 三이오 中國之長技는 五ㅣ라 帝王之道ㅣ 出於萬全ᄒᆞᄂᆞ니 今에 降胡義渠ㅣ (括地志今寧涇慶三州本義渠地也) 來歸義者ㅣ 數千이라 長技ㅣ 與凶奴同ᄒᆞ니 可賜之堅甲利兵ᄒᆞ고 益以邊郡之良騎ᄒᆞ야 平地通道어든 則以輕車材官으로 制之ᄒᆞ야 兩軍이 相爲表裏면 此는 萬全之術이니이다 帝嘉之ᄒᆞ야 賜書寵答焉ᄒᆞ다

이로써觀컨대匈奴의長技는三이오中國의長技는五ㅣ라帝王의道ㅣ萬全에出ᄒᆞ

(楊粵)楊州之南粵

(復)除也謂有罪者免之無罪者拜爵以勸其徙民之欲往者除其家征役

는니今에降胡義渠ㅣ來ᄒᆞ야義에歸ᄒᆞᆫ者ㅣ數千이라長技가凶奴로더브러同ᄒᆞ니可히堅甲과利兵을賜ᄒᆞ고邊郡의良騎로써益ᄒᆞ야平地에서로通ᄒᆞ거든곳輕車와材官으로써制ᄒᆞ야兩軍이서로表裏가되면이는萬全의術이니이다帝ㅣ嘉히여겨書를賜ᄒᆞ야寵ᄒᆞ야答ᄒᆞ다

錯ㅣ又上言曰胡貉之人은其性이耐寒ᄒᆞ고楊粵之人은其性이耐暑ᄒᆞ고秦之戍卒은不耐其水土ᄒᆞ야(耐漢書並作能字注讀曰耐) 戍者ㅣ死於邊ᄒᆞ고輸者ㅣ僨於道ᄒᆞ니秦民이見行을如往棄市라

錯ㅣ또言을上ᄒᆞ야曰胡貉의人은그性이寒을耐ᄒᆞ고楊粵의人은그性이暑를耐ᄒᆞ고秦의戍卒은그水土를耐치못ᄒᆞ야戍者ㅣ邊에서死ᄒᆞ고輸者ㅣ道에서僨ᄒᆞ니秦民이行을見ᄒᆞᆷ을往ᄒᆞ야市에棄ᄒᆞᆷ과如히ᄒᆞ는지라

陳勝이先倡에天下ㅣ從之者는秦이以威劫而行之之敝也라不如選常居者ᄒᆞ야爲室屋且田器ᄒᆞ고乃募民ᄒᆞ야免罪拜爵ᄒᆞ야復其家ᄒᆞ고予冬夏衣廩ᄒᆞ되(古者給人以食取諸倉廩故稱廩給廩食) 胡人이入驅어든而能止所驅者를以其半으로予之ᄒᆞ니如是則邑里ㅣ相救助ᄒᆞ야赴胡不避死ᄒᆞ리니

(非以德上)言非以欲立德義於君上也

非以德上也라欲全親戚而利其財也ㅣ니此ᄂᆞᆫ與東方之戍卒의不習地勢而心畏胡者로功相萬也ㅣ니다上이從其言ᄒᆞ야募民徙塞下ᄒᆞ다 (出錯本傳)

陳勝이먼져倡ᄒᆞᆷ의天下ㅣ從ᄒᆞᆫ者ᄂᆞᆫ秦이威刼으로써行케ᄒᆞᆫ敝이라常居ᄒᆞᄂᆞᆫ者를選ᄒᆞ야室屋을ᄒᆞ야田器를具ᄒᆞ고이에民을募ᄒᆞ야罪를免ᄒᆞ고爵을拜ᄒᆞ야그家를復ᄒᆞ고冬夏에衣廩을予호ᄃᆡ胡人이入驅ᄒᆞ거든能히驅ᄒᆞᄂᆞᆫ바를止ᄒᆞᄂᆞᆫ者를그半으로써予ᄒᆞᆷ만갓지못ᄒᆞ니이갓ᄒᆞᆫ則邑里가셔로救助ᄒᆞ야胡에赴호ᄃᆡ死를避치아니ᄒᆞ리니써上에德ᄒᆞᆷ이아니라親戚을全ᄒᆞ고그財를利코져ᄒᆞᆷ이니東方의戍卒이地勢에不習ᄒᆞ야心으로胡를畏ᄒᆞᄂᆞᆫ者로더브러功이셔로萬이나되ᄂᆞᆫ이다上이그言을從ᄒᆞ야民을募ᄒᆞ야塞下로徙ᄒᆞ다

(癸酉)十二年이라錯ㅣ復言於上曰堯有九年之水ᄒᆞ고湯有七年之旱而國無捐瘠者ᄂᆞᆫ以蓄積이多而備先具也라今海內爲一ᄒᆞ야土地人民之衆이不減湯禹ᄒᆞ고加以無天災數年之水旱而蓄積이未及者ᄂᆞᆫ何也오地有遺利ᄒᆞ고民有餘力ᄒᆞ야生穀之土를未盡墾ᄒᆞ고山澤之利를未盡出ᄒᆞ고游食之民을未盡歸農也ㅣ니다

十二年이라錯ㅣ다시上에게言ᄒᆞ야曰堯ㅣ九年의水가有ᄒᆞ고湯이七年의旱이有ᄒᆞ되國에損瘠이無ᄒᆞᆫ者ᄂᆞᆫ蓄積이多ᄒᆞ고備ᄒᆞᆷ이먼져具ᄒᆞᆷ으로써ᄒᆞᆷ이라이제海內ㅣ一이되야土地人民의衆이湯禹에減치안코더써天災와數年의水旱이無ᄒᆞ되蓄積이及치못ᄒᆞᄂᆞᆫ者ᄂᆞᆫ何인고地에遺ᄒᆞᆫ利가有ᄒᆞ고民에餘ᄒᆞᆫ力이有ᄒᆞ야生穀ᄒᆞᄂᆞᆫ土를다墾치못ᄒᆞ고山澤의利를다出치못ᄒᆞ고游食의民을다農에歸치아니ᄒᆞᆷ이니이다

夫寒之於衣에不待輕煖ᄒᆞ고飢之於食에不待甘旨니飢寒이至身ᄒᆞ면不顧廉恥라人情이一日不再食則飢ᄒᆞ고終歲不製衣則寒ᄒᆞᄂᆞ니夫腹飢不得食ᄒᆞ며膚寒不得衣면雖慈父라도不能保其子어든君이安能以有其民哉릿고

무릇寒에衣ᄒᆞᆷ은輕煖을待치아니ᄒᆞ고飢에食ᄒᆞᆷ은甘旨를待치안나니飢와寒이身에至ᄒᆞ면廉恥를顧치안ᄂᆞᆫ지라人情이一日에再食치못ᄒᆞᆫ즉飢ᄒᆞ고終歲토록衣를製치못ᄒᆞᆫ則寒ᄒᆞᄂᆞ니무릇腹이飢ᄒᆞ되食을得치못ᄒᆞ며膚가寒ᄒᆞ되衣를得치못ᄒᆞ면비록慈父라도能히그子를保치못ᄒᆞ거든君이엇지能히써그民을有ᄒᆞ리잇고

是故로明君은貴五穀而賤金玉ᄒᆞᄂᆞ니方今之務ㅣ莫若使民으로務

農而已라 欲民務農인대 在於貴粟이오 貴粟之道는 在於使民으로 以
粟爲賞罰이니 今에 募天下ᄒᆞ야 入粟縣官ᄒᆞ야 得以拜爵ᄒᆞ고 得以除罪
ᄒᆞ소셔 如此면 富人이 有爵ᄒᆞ고 農民이 有錢ᄒᆞ고 粟有所渫이리이다 私列反 散也 爵者는
上之所擅이라 出於口而无窮이오 粟者는 民之所種이라 生於地而
不乏ᄒᆞᄂᆞ니 夫得高爵與免罪는 人之所甚欲也ㅣ라 使天下之人으로
入粟於邊ᄒᆞ야 以受爵免罪ㅣ면 不過三歲에 塞下之粟이 必多矣리이다

이런고로明君은五穀을貴히ᄒᆞ고金玉을賤히ᄒᆞᄂᆞ니方今의務ㅣ民으로ᄒᆞ야곰農
을務홈만갓지못ᄒᆞᆫ지라民으로農을務케ᄒᆞ고ᄌᆞ홀진ᄃᆡ粟을貴히ᄒᆞᄂᆞᆫᄃᆡ在ᄒᆞ고粟
을貴히ᄒᆞᄂᆞᆫ道ᄂᆞᆫ民으로ᄒᆞ야곰粟으로써賞罰ᄒᆞᄂᆞᆫᄃᆡ在ᄒᆞ니今에天下를募ᄒᆞ야粟
을縣官에入ᄒᆞ야시러곰써爵을拜ᄒᆞ고시러곰써罪를除ᄒᆞ소셔이갓ᄒᆞ면富人이爵
이有ᄒᆞ고農民이錢이有ᄒᆞ고粟이渫ᄒᆞᄂᆞᆫ바이有ᄒᆞ리이다爵이란者ᄂᆞᆫ上의擅ᄒᆞᄂᆞᆫ
바라口에셔出ᄒᆞ야窮홈이無ᄒᆞ고粟이란者ᄂᆞᆫ民의種ᄒᆞᄂᆞᆫ바이라地에셔生ᄒᆞ야乏
지안ᄂᆞ니무릇高爵과다못免罪를得홈은人의甚히欲ᄒᆞᄂᆞᆫ바이라天下의人으로ᄒᆞ
야곰粟을邊에入ᄒᆞ야써爵을受ᄒᆞ고罪를免ᄒᆞ면三歲를過치못ᄒᆞ야塞下의粟이반

時錯爲太子家令

다시多ᄒᆞ리이다

帝ㅣ從之ᄒᆞ야令民으로入粟邊拜爵호ᄃᆡ各以多少級數로爲差ᄒᆞ다

帝ㅣ從ᄒᆞ야民으로ᄒᆞ야곰粟을邊에入ᄒᆞ야爵을拜호ᄃᆡ각々多少級數로써差를ᄒᆞ다

錯ㅣ復奏호ᄃᆡ陛下ㅣ幸使天下로入粟以拜爵ᄒᆞ시니甚大惠也ㅣ라邊食이足以支五歲어든可令入粟郡縣ᄒᆞ고郡縣이足支一歲以上이어든可時赦ᄒᆞ야勿收農民租ᄒᆞ소서如此면德澤이加於萬民ᄒᆞ고民愈勤農ᄒᆞ야大富樂矣리이다上이復從其言ᄒᆞ야詔賜農民今年租稅之半ᄒᆞ다 出食貨志

錯ㅣ다시奏호ᄃᆡ陛下ㅣ다힝이天下로ᄒᆞ야곰粟을入ᄒᆞ야써爵을拜ᄒᆞ시니심히大ᄒᆞᆫ惠라邊食이足히써五歲를支ᄒᆞ거든可히ᄒᆞ야곰粟을郡縣에入ᄒᆞ고郡縣이足히一歲以上을支ᄒᆞ거든可히時로赦ᄒᆞ고農民의租를收치마소셔이갓흐면德澤이萬民에加ᄒᆞ고民이더욱農을勤ᄒᆞ야크게富ᄒᆞ고樂ᄒᆞ리이다上이다시그言을從ᄒᆞ야詔ᄒᆞ야農民에게今年租稅의半을賜ᄒᆞ다

錯의爲人이峭直刻深ᄒᆞ야 峭本作陗謂峭直峻陿也 以其辨으로得幸ᄒᆞ니太子ㅣ號曰智

(淳于)複姓
(詔獄)有詔繫獄也
(逮)及也辭之所及者則推捕之故曰逮
(繇)由通
(少女)淳于意無子而有六女故縈上書也

囊이라하다 出錯本傳王氏曰智囊言一身所有皆是智算若囊橐之盛物然

錯의人됨이峭直ᄒᆞ고刻深ᄒᆞ야그辨으로써幸ᄒᆞᆷ을得ᄒᆞ니太子ㅣ號ᄒᆞ야曰智囊이라ᄒᆞ다

齊太倉令淳于意ㅣ有罪當刑이어늘 詔獄ᄒᆞ야 逮繫長安이러니 其少女緹縈이 上書 緹縈小女名也緹音帝 曰妾父ㅣ爲吏에 齊中이 皆稱其廉平이러니 今에 坐法當刑ᄒᆞ니 妾이 傷夫死者ᄂᆞᆫ 不可復生이오 刑者ᄂᆞᆫ 不可復屬이라 屬之欲反聯也 雖後欲改過自新이나 其道ㅣ無繇也ㅣ니 妾이 願沒入爲官婢ᄒᆞ야 以贖父刑罪ᄒᆞ야 使得自新ᄒᆞ노이다 天子ㅣ憐悲其意ᄒᆞ야 詔除肉刑ᄒᆞ다 肉刑者墨劓臏宮大辟也除者有以易之也鄭氏云皐陶改臏爲剕呂刑有剕周改爲刖本記詔曰今法有肉刑三注高帝約法三章無肉刑文帝則有肉刑孟曰鯨劓三左右趾合一凡三也索隱曰斷趾鯨劓之屬漢律序云文帝除肉刑而宮不易張斐曰以淫亂人族類故不易之也

齊太倉令淳于意ㅣ罪가有ᄒᆞ야當히刑ᄒᆞ겟거ᄂᆞᆯ獄에詔ᄒᆞ야長安에逮繫ᄒᆞ얏더니그少女緹縈이書를上ᄒᆞ야曰妾의父ㅣ吏가됨의齊中이다그廉平ᄒᆞᆷ을稱ᄒᆞ더니今에法에坐ᄒᆞ야刑을當ᄒᆞ니妾이傷컨ᄃᆡ死ᄒᆞᆫ者ᄂᆞᆫ可히다시生치못ᄒᆞ고刑ᄒᆞᆫ者ᄂᆞᆫ可

(玄)深也微妙之極致也道德經玄之又玄衆妙之門

히다시屬치못ᄒᆞᄂᆞᆫ지라비록後에過를改ᄒᆞ고스ᄉᆞ로新코져ᄒᆞ나그道ㅣ繇ㅣ업스니妾이원컨ᄃᆡ沒入ᄒᆞ야官婢가되야써父의刑罪를贖ᄒᆞ야ᄒᆞ야곰시러곰스ᄉᆞ로新케ᄒᆞ겟노이다天子ㅣ그意를憐悲히ᄒᆞ야詔ᄒᆞ야肉刑을除ᄒᆞ다

陳季雅曰古人肉刑之法所以使民易避而難犯也故人人自愛而重犯法夫以古人用法之意若此而文帝乃以爲可畏易之以笞法殊不知此法一易上之人輕用之下之人輕犯之按刑法志文帝肉刑之除乃在於刑措之後自是而下以致人輕冒法而文書盈於几閣不足以勝姦矣

上이旣躬修玄默而將相이皆舊功臣이라少文多質ᄒᆞ야懲惡亡秦之政ᄒᆞ야論議ㅣ務在寬厚ᄒᆞ고恥言人之過失ᄒᆞ니化行天下ᄒᆞ야告訐之俗이易ᄒᆞ고(訐面相斥罪也)吏安其官ᄒᆞ고民樂其業ᄒᆞ야畜積이歲增ᄒᆞ고戶口ㅣ寢息ᄒᆞ고風流ㅣ篤厚ᄒᆞ고禁罔이疏闊ᄒᆞ야(罔與網通疏踈通言禁防如網之踈闊也)罪疑者를予民ᄒᆞ니是以로刑罰이大省ᄒᆞ야至於斷獄四百ᄒᆞ되有刑錯之風焉이러라(出刑法志錯置也古者民不犯法錯而不用今錯未及於古亦庶幾有古人之遺風)

上이임의몸소玄默을修ᄒᆞᆷ의將과相이다예젼功臣이라文히少ᄒᆞ고質이多ᄒᆞ야亡

秦의政을懲ᄒᆞ고惡ᄒᆞ야論議를힘써寬厚홈의두고人의過失을言ᄒᆞ기耻ᄒᆞ니化가天下에行ᄒᆞ야告訐의俗이易ᄒᆞ고吏가그官을安ᄒᆞ고民이그業을樂ᄒᆞ야畜積이歲로增ᄒᆞ고戶口ㅣ寖息ᄒᆞ고風流ㅣ篤厚ᄒᆞ고禁罔이疏闊ᄒᆞ야罪疑ᄒᆞᆫ者를民에予ᄒᆞ니이로써刑罰이크게省ᄒᆞ야斷獄홈이四百에至호ᄃᆡ刑錯의風이有ᄒᆞ더라

六月에詔曰農은天下之本이라務莫大焉이어늘今勤身從事호ᄃᆡ而有租稅之賦ᄒᆞ니是爲本末者ㅣ無以異也ㅣ라(本農也末賈也言農與賈俱出租無異也故除田租) 其於勸農之道에未備ᄒᆞ니其除田之租稅ᄒᆞ라(出本紀)

六月에詔ᄒᆞ야曰農은天下의大本이라務홈이莫大ᄒᆞ거ᄂᆞᆯ今에身을勤히ᄒᆞ야事를從호ᄃᆡ租稅의賦가有ᄒᆞ니이本과末되ᄂᆞᆫ者ㅣ써異홈이無ᄒᆞᆫ지라그農을勸ᄒᆞᄂᆞᆫ道에備치못ᄒᆞ니그田의租稅를除ᄒᆞ라

(乙亥)十四年이라冬에凶奴老上單于ㅣ十四萬騎로入朝那蕭關ᄒᆞ야(朝那縣名屬河西安定郡朝直遙反又奴字那奴何反括地志故城在原州百泉縣西七十里蕭關秦北關也在上郡北括地志今靈武郎古蕭關也) 殺北地都尉ᄒᆞ고(北郡本春秋義渠戎國秦致北地郡屬雍州今寧深慶三州皆北地也都尉佐郡守典武職甲卒按史都尉姓孫名卬) 遂至彭陽이어ᄂᆞᆯ上이親勞軍ᄒᆞ고自欲征凶奴ㅣ러니皇太后ㅣ固要ᄒᆞ되乃止ᄒᆞ고(固要心不得自征也) 於是에以張相如

(老上)匈奴號也

(固要)謂力止之也

(昔有爲我言)上居代時尚食高祛之言也每食

도爲大將軍ᄒᆞ야擊之ᄒᆞ니逐出塞ᄒᆞ고卽還ᄒᆞ다

十四年이라冬에匈奴老上單于ㅣ十四萬騎로朝那蕭關에入ᄒᆞ야北地都尉를殺ᄒᆞ고드듸여彭陽에至ᄒᆞ거ᄂᆞᆯ上이親히軍를勞ᄒᆞ고ᄉᆞᄉᆞ로凶奴ᄂᆞᆯ征코져ᄒᆞ더니皇太后ㅣ굿이要ᄒᆞᆫ듸이에止ᄒᆞ고이에張相如로써大將軍을ᄉᆞᆷ아擊ᄒᆞ니쏫차塞에出ᄒᆞ고곳還ᄒᆞ다

朱黼曰文帝於備邊一事未嘗少忽雖沉靜玄默而躬騎射之習雖慈祥淡泊而甘遊田之娛雖尊禮大臣而方正常侍之士日與馳逐雖勤恤民隱而六郡良家之子悉皆調集雖愛惜財用而繕修城堡未嘗靳費衞軍罷矣而廣武之兵猶聚也苑囿弛矣而上林之射不息也高祛一言李賢之賢每飯不忘馮唐一論頗牧之善拊髀稱歎晁錯一奏邊事璽書褒美請徙民守塞則募徙民請入粟實邊則詔入粟凡二十三年之間其商略區畫捨農桑外所深注意者獨邊事而已然其卑辭屈己歲致金繒與犬羊結好者豈得已哉帝亦度凶奴桀驁之勢未可以遽服而瘡痍甫定之民未可以遽用故雖外爲和親之禮而實在內未嘗輕棄自治之策帝於是憤怒激烈銳志雪耻屯兵三郡親御六飛勞軍勤兵申敎令賜士卒必欲躬自北伐雖羣臣之諫不聽豈非仁者之勇哉

上이輦過郞署ᄒᆞᆯ새(輦輓車也駕人以行曰輦郞官有議郞中郞侍郞中署府署也文帝乘輦經過郞署時馮唐爲郞中署長)問馮唐曰父家ㅣ安在오對曰臣大父는趙人이니이다上이曰昔에有爲我言趙將李

時未嘗不在鉅鹿念高未嘗言

(拊髀)拊之者有所激然耳

齊之賢호ᄃᆡ戰於鉅鹿下ㅣ라ᄒᆞ니 今吾ㅣ 每飯에(餐食也馮唐傳作每飲食) 意未嘗不在鉅鹿也ㅣ로라 唐이 對曰尚不如廉頗李牧之爲將也ㅣ니이다 上이 拊髀(拊搏也髀部禮反)曰嗟呼라 吾獨不得廉頗李牧ᄒᆞ야 爲將홀셔 吾ㅣ 豈憂凶奴哉리오

上이輦으로郞署를過ᄒᆞᆯ시馮唐다려問ᄒᆞ야曰父의家ㅣ어ᄃᆡ在ᄒᆞ뇨對ᄒᆞ야曰臣大父ᄂᆞᆫ趙人이니이다上이曰昔에我를爲ᄒᆞ야趙將李齊의賢을言ᄒᆞᄂᆞᆫ이가有호ᄃᆡ鉅鹿下에셔戰ᄒᆞ얏다ᄒᆞ니今에吾ㅣᄆᆡ양飯ᄒᆞᆷᄋᆡ意ㅣ일즉이鉅鹿에在치아니치안노라唐이對ᄒᆞ야曰오히려廉頗와李牧의將됨만갓지못ᄒᆞ니이다上이髀를拊ᄒᆞ고曰嗟ᄒᆞᆸ다吾ㅣᄒᆞᆯ로廉頗와李牧을엇어將을삼지못ᄒᆞᆷ일셔吾ㅣ엇지凶奴를憂ᄒᆞ리오

唐이曰陛下ㅣ雖得廉頗李牧이라도 弗能用也시리이다 上이 怒ᄒᆞ야 讓唐ᄒᆞᆫᄃᆡ 唐이 曰上古王者之遣將也에 跪而推轂曰(推轂言擧薦人如推車轂之傳運也) 閫以內ᄂᆞᆫ(閫義與閫同馮唐作閫苲昭曰門中橜俗言門限也以內謂郭門地閫魚列反) 寡人이 制之ᄒᆞ고 閫以外ᄂᆞᆫ 將軍이 制之다ᄒᆞ고 軍功爵賞을 皆決於外라 李牧이 是以로 北逐單于ᄒᆞ고 破東胡ᄒᆞ고

滅澹林ᄒᆞ고西抑强秦ᄒᆞ고南支韓魏어니와

唐이曰陛下ㅣ비록廉頗李牧을得하시더라도能히用치못ᄒᆞ시리이다上이怒ᄒᆞ야唐을讓ᄒᆞᆫᄃᆡ唐이曰上古에王者가將을遣ᄒᆞᆷ의跪ᄒᆞ야轂을推ᄒᆞ고曰閫써內ᄂᆞᆫ寡人이制ᄒᆞ고閫써外ᄂᆞᆫ將軍이制ᄒᆞ라ᄒᆞ고軍功爵賞을다外에서決ᄒᆞᄂᆞᆫ지라李牧이이로써北으로單于를逐ᄒᆞ고東胡를破ᄒᆞ고澹林을滅ᄒᆞ고西으로强秦을抑ᄒᆞ고南으로韓魏를支ᄒᆞ얏거니와

今魏尙은爲雲中守ᄒᆞ야其軍市租를 案車市謂軍人貨易之地也市有稅稅即租也 盡以饗士卒ᄒᆞ니凶奴ㅣ遠避ᄒᆞ야不敢近塞ᄒᆞ고虜曾一入에尙이率車騎擊之ᄒᆞ야所殺이甚衆이로ᄃᆡ上功幕府에 師出無常處所在張幕居之故曰幕府上功謂尺籍所下斬首捕虜之數也尺籍者謂書其斬捕之功於一尺之版幕府者以軍幕爲義古者出征以幕帳爲府署也 一言이不相應이라ᄒᆞ야 謂斬捕之數不同也 文吏ㅣ以法繩之ᄒᆞ고 繩索也所以彈畫而取直者言文法之吏正治其事亦猶繩也 其賞이不行ᄒᆞ니陛下ㅣ賞太輕ᄒᆞ고罰太重이라

今에魏尙은雲中守가되야그軍市의租를다써士卒에게饗ᄒᆞ니匈奴ㅣ遠히避ᄒᆞ야敢히塞에近치못ᄒᆞ고虜ㅣ일즉이한번入ᄒᆞᆷ의尙히車騎를率ᄒᆞ고擊ᄒᆞ야殺ᄒᆞᆫ반이심이만ᄒᆞ되功을幕府에上ᄒᆞᆷ의一言이서로應치안ᄂᆞᆫ다ᄒᆞ야文吏ㅣ法으로써繩ᄒᆞ고그賞이行치못ᄒᆞ니陛下ㅣ賞이너무輕ᄒᆞ고罰이너무重ᄒᆞᆫ지라

魏尙이 坐上功首虜差六級이어ᄂᆞᆯ (秦法以斬敵一首拜爵一級故因爲一首爲一級今魏尙差上首虜六級而坐以罪) 陛下ㅣ下之吏ᄒᆞ샤 削其爵ᄒᆞ고 罰及之ᄒᆞ니 由此言之컨ᄃᆡ 陛下ㅣ 雖得廉頗李牧이나 弗能用也ㅣ시리이다 上이 說ᄒᆞ야 是日에 令唐으로 持節赦魏尙ᄒᆞ야 復以爲雲中守ᄒᆞ고 而拜唐ᄒᆞ야 爲車騎都尉ᄒᆞ다 (出本傳)

魏尙이首虜의功을上ᄒᆞᆯ시六級이差ᄒᆞᆷ의坐ᄒᆞ거ᄂᆞᆯ陛下ㅣ吏에下ᄒᆞ샤그爵을削ᄒᆞ고罰이及ᄒᆞ니이로由ᄒᆞ야言컨ᄃᆡ陛下ㅣ비록廉頗와李牧을得ᄒᆞ나能히用치못ᄒᆞ시리이다上이說ᄒᆞ야이ᄂᆞᆯ에唐으로ᄒᆞ야곰節을持ᄒᆞ고魏尙을赦ᄒᆞ야다시써雲中守를삼고唐을拜ᄒᆞ야車騎都尉를삼다

春에 詔ᄒᆞ야 廣增諸祀壇場珪幣ᄒᆞ고 (珪幣謂祭神之玉帛) 且曰吾ㅣ 聞祠官이 祝釐에 (祠官謂攝行祀事者釐音喜福也) 皆歸福於朕躬ᄒᆞ고 不爲百姓이라ᄒᆞ니 朕甚愧之ᄒᆞ노라 夫以朕之不德으로 而專饗獨美其福ᄒᆞ고 百姓은 不與焉ᄒᆞ니 是ᄂᆞᆫ 重吾不德也라 其令祠官으로 致敬ᄒᆞ고 無有所祈ᄒᆞ라 (出本紀)

春에詔ᄒᆞ야廣히諸祀의壇場과珪幣를增ᄒᆞ고ᄯᅩ曰吾ㅣ드르니祠官이釐를祝ᄒᆞᆷ의다福을朕의躬에歸ᄒᆞ고百姓은爲치아니ᄒᆞᆫ다ᄒᆞ니朕이심히愧ᄒᆞ노라무릇朕의不

(登)豐也

德으로써專혀饗ᄒᆞ야ᄒᆞᆯ로그福을美ᄒᆞ고百官은與치안ᄒᆞᄂᆞ니이ᄂᆞᆫ吾의不德을거
듭ᄒᆞᆷ이라그祠官으로ᄒᆞ야곰敬을致ᄒᆞ고祈ᄒᆞᆯ바이잇지말게ᄒᆞ라

(丁丑)十六年이라得玉杯ᄒᆞ고於是에始更以十七年으로爲元年ᄒᆞ다

出本記及郊祀志新垣平使人持玉杯上書闕下獻之平言上曰闕下有寶玉氣來者已視之果有獻玉杯者刻曰人主延壽明年人有告平所言皆詐也下吏治垣平

十六年이라玉杯를得ᄒᆞ고이에바로소고쳐十七年으로써元年을삼다

(戊寅)後元年이라詔曰間者에數年不登ᄒᆞ고又有水旱疾疫之災ᄒᆞ니朕甚憂之호ᄃᆡ愚而不明ᄒᆞ야未達其咎ᄒᆞ노니意者컨ᄃᆡ朕之政이有所失而行有過與아(與音歟下同) 乃天道ㅣ有不順ᄒᆞ며地理ㅣ或不得ᄒᆞ며人事ㅣ多失和ᄒᆞ며鬼神이廢大享與아何以致此오將百官之奉養이或廢ᄒᆞ고無用之事ㅣ或多與아何其民食之寡乏也오

後元年이라詔ᄒᆞ야曰間者에數年이나登치아니ᄒᆞ고ᄯᅩ水旱과疾疫의災가有ᄒᆞ니朕이심히憂호ᄃᆡ愚ᄒᆞ고明치못ᄒᆞ야그咎를達치못ᄒᆞ노니意컨ᄃᆡ朕의政이失ᄒᆞᆫ바이有ᄒᆞ고行이過ᄒᆞᆷ이有ᄒᆞᆫ가이에天道ㅣ不順ᄒᆞ며地理ㅣ或得치못ᄒᆞ며人事ㅣ失和ᄒᆞᆷ이多ᄒᆞ며鬼神이廢ᄒᆞ야享치아니ᄒᆞᆷ이有ᄒᆞᆫ가엇지써此를致ᄒᆞ얏ᄂᆞᆫ고百官을

將ᄒᆞᄂᆞᆫ奉養이혹廢ᄒᆞ고無用의事가或多ᄒᆞᆫ가엇지ᄒᆞ야그民食의寡乏ᄒᆞᆫ고

夫度田에非益寡오(度計料也言頃畝之數如故未嘗加少)而計民에未加益이라以口量地ᄒᆞ니其於古에猶有餘로ᄃᆡ而食之甚不足者ᄂᆞᆫ其咎ㅣ安在오無乃百姓之從事於末ᄒᆞ야以害農者ㅣ蕃ᄒᆞ고爲酒醪ᄒᆞ야以靡穀者ㅣ多ᄒᆞ며(靡散也)六畜之食焉者ㅣ衆與아細大之義를吾未得其中이로니其與丞相列侯吏二千石博士로議之ᄒᆞ야有可以佐百姓者어든率意遠思ᄒᆞ야無有所隱ᄒᆞ라(出漢書及本紀)

(六畜)牛馬羊鷄犬豕也
(率意)任意也

무릇田을度홈의益寡치안코民을計홈이加益지못ᄒᆞᆫ지라口로써地를量ᄒᆞ니그古에오히려餘홈이有호ᄃᆡ食이심히不足ᄒᆞᆫ者ᄂᆞᆫ그咎ㅣ어ᄃᆡ在ᄒᆞ뇨이에百姓이末에從事ᄒᆞ야써農을害ᄒᆞᄂᆞᆫ者ㅣ蕃ᄒᆞ고酒醪를ᄒᆞ야써穀을靡ᄒᆞᄂᆞᆫ者ㅣ多ᄒᆞ며六畜의食ᄒᆞᄂᆞᆫ者ㅣ衆홈이안인가細大의義를吾ㅣ그中을得치못ᄒᆞ겟노니그丞相列侯와吏二千石과博士로더브러議ᄒᆞ야可히ᄡᅧ百姓을佐ᄒᆞᆯ者ㅣ有ᄒᆞ거든意를率ᄒᆞ고思을遠히ᄒᆞ야隱ᄒᆞᄂᆞᆫ바이잇지말게ᄒᆞ라

本紀에曰二年에凶奴ㅣ和親이어ᄂᆞᆯ

本記에曰二年에凶奴ㅣ和親ᄒᆞ거늘

詔曰朕이既不明ᄒᆞ야不能遠德ᄒᆞ고使方外之國으로或不寧息ᄒᆞ야憂苦萬民이라爲之惻怛不安故로遣使者ᄒᆞ야冠盖ㅣ相望에結轍於道ᄒᆞ야以諭朕志於單于러니今單于ㅣ新與朕으로俱棄細過ᄒᆞ고偕之大道ᄒᆞ야以全天下元元之民ᄒᆞ니和親已定을始於今年ᄒᆞ노라

詔ᄒᆞ야曰朕이임의明치못ᄒᆞ야能히德을遠히ᄒᆞ지못ᄒᆞ고方外의國으로ᄒᆞ야곰或寧息지못ᄒᆞ야萬民을憂苦케ᄒᆞᆫ지라爲ᄒᆞ야惻怛ᄒᆞ고不安ᄒᆞᆫ故로使者를遣ᄒᆞ야冠盖ㅣ서로望ᄒᆞᆷ의轍을道에結ᄒᆞ야써朕의志를單于에게諭ᄒᆞ얏더니今에單于ㅣ서로朕으로더브러ᄒᆞᆫ가지細過를棄ᄒᆞ고大道를偕ᄒᆞ야써天下元元의民을全ᄒᆞ니和親의임의定ᄒᆞᆷ을今年에始ᄒᆞ노라

(己卯)二年이라帝ㅣ以皇后弟竇廣國이賢有行이라ᄒᆞ야欲相之라가曰恐天下ㅣ以吾로私廣國이라ᄒᆞ고久念不可ᄒᆞ야乃以申屠嘉로爲相ᄒᆞ니嘉의爲人이廉直ᄒᆞ야門不受私謁이라是時에鄧通이方愛幸ᄒᆞ야賞賜累鉅萬이오寵幸이無比러니嘉ㅣ嘗入朝而通이居上旁ᄒᆞ야有怠

(申屠)複姓嘉名也

(寵幸)幸愛也

慢之禮어늘 嘉ㅣ 奏事畢에 因言曰陛下ㅣ愛幸群臣則富貴之어니와 至於朝廷之禮ᄒᆞ야는 不可以不肅이니이다

二年이라帝ㅣ써皇后의弟竇廣國이賢ᄒᆞ고行이有ᄒᆞ다ᄒᆞ야相코자ᄒᆞ다가曰天下ㅣ吾로써廣國의게私ᄒᆞᆫ다ᄒᆞᆯ가恐ᄒᆞ다ᄒᆞ고久히念ᄒᆞ야可치아니ᄒᆞ야이에申屠嘉로써相을ᄉᆞᆷ으니嘉의人됨이廉直ᄒᆞ야門에私로謁ᄒᆞᆷ을受치안는지라이ᄯᅢ에鄧通이바야흐로愛幸ᄒᆞ야賞賜가累鉅萬이오寵幸이比ᄒᆞᆯᄃᆡ無ᄒᆞ더니嘉ㅣ일ᄌᆞᆨ이朝에入ᄒᆞᆷ의通이上旁에居ᄒᆞ야怠慢의禮가有ᄒᆞ거ᄂᆞᆯ嘉ㅣ事ᄅᆞᆯ奏ᄒᆞ기畢ᄒᆞᆷ의因ᄒᆞ야言ᄒᆞ야曰陛下ㅣ群臣을愛幸ᄒᆞ신則富貴케는ᄒᆞ시려니와朝廷의禮에至ᄒᆞ야는可히써肅치아니치못ᄒᆞᆯ지니이다

罷朝에 嘉ㅣ 坐府中ᄒᆞ야 爲檄召通호ᄃᆡ 詣丞相府ᄒᆞ라 不來면 且斬ᄒᆞ리라 通이 恐ᄒᆞ야 言上ᄒᆞᆫᄃᆡ 上曰汝ㅣ 第往ᄒᆞ라 通이 詣丞相府ᄒᆞ야 免冠徒跣ᄒᆞ고 頓首謝어ᄂᆞᆯ 嘉ㅣ 坐自如ᄒᆞ야 弗爲禮ᄒᆞ고 責曰夫朝廷者는 高帝之朝廷也어늘 通은 小臣으로 戱殿上ᄒᆞ니 大不敬이라 當斬이니 吏令行斬之ᄒᆞ라

罷朝에嘉ㅣ府中에坐ᄒᆞ야檄을ᄒᆞ야通을召ᄒᆞ되丞相府에詣ᄒᆞ라來치아니ᄒᆞ면ᄯᅩ斬ᄒᆞ리라通이恐ᄒᆞ야上에게言ᄒᆞᆫᄃᆡ上이曰汝는앙거느往ᄒᆞ라通이丞相府에詣ᄒᆞ

야冠을免ᄒᆞ고徒跣ᄒᆞ고首를頓ᄒᆞ고謝ᄒᆞ거ᄂᆞᆯ嘉ㅣ坐ᄒᆞ기를自如히ᄒᆞ야禮ᄒᆞ지아니ᄒᆞ고責ᄒᆞ야曰무릇朝廷이란者ᄂᆞᆫ高帝의朝廷이어ᄂᆞᆯ通은小臣으로殿上에셔戲ᄒᆞ니크게不敬이라맛당이斬ᄒᆞᆯ지니吏ㅣᄒᆞ야곰行斬ᄒᆞ라

朱黼曰人主不能行法於天下能容臣子之守法而後人主之執尊人臣奉法於天子能不容人主之撓法而後人主之法信文帝寬厚仁恕非有震世之威坦夷平易非有絶物之執柔巽謙抑非有獨運之權然權不求重而人莫之褻威不求震而人莫之抗執不求尊而人莫之並者何也以其能容臣下守法而不撓也夫太中大夫中二千石至貴也一戲殿上則丞相得以檄召而議斬非至於困辱則不之召而且遣使以謝丞相太子君之貳藩王帝之愛子也一不下司馬門則六百石之公車令得以劾奏而遮留非太后之詔則不得赦而且謝敎子之不謹郞中令小臣也得以妃妾之分而徹夫人之坐席軍門都尉冗官也得以將軍之令而遏天子之乘輿人臣執法不以天子之故而喪其所守人主徇法不以臣下之微而撓其所執此漢室之所以興隆而文帝之柔道所以能致治安歟

通이頓首出血ᄒᆞ되不解라上이度丞相이已困通ᄒᆞ고使使持節ᄒᆞ야召通而謝丞相曰此ᄂᆞᆫ吾弄臣이니(弄戲也謂狎褻無關大體)君은釋之ᄒᆞ라鄧通이旣至에爲上泣曰丞相이幾殺臣이러이다(出嘉本傳)

通이首를頓ᄒᆞ야血을出호ᄃᆡ解치안ᄂᆞᆫ지라上이丞相이임의通을困히ᄒᆞᆷ을度ᄒᆞ고

使를부려節를持ᄒᆞ야通을召ᄒᆞ고丞相에게謝ᄒᆞ야曰이는吾의弄臣이니君은釋ᄒᆞ라鄧通이엄의至ᄒᆞᆷ이上을爲ᄒᆞ야泣ᄒᆞ야曰丞相이거의臣을殺ᄒᆞ려ᄒᆞ더니다

(甘泉)山名在雲陽甘泉宮因山名宮 (亞夫)勃之子也 (次細柳)一宿曰宿再宿曰信過信曰次

(癸未)六年이라冬에 凶奴三萬騎는 入上郡ᄒᆞ고 三萬騎는 入雲中ᄒᆞ니 烽火ㅣ 通於甘泉長安이어늘 以周亞夫로 爲將軍ᄒᆞ야 次細柳ᄒᆞ고 細柳在直城門外阿房宮西北維括地志細柳倉在雍州咸陽縣西南 劉禮로 爲將軍ᄒᆞ야 次霸上ᄒᆞ고 霸水之上地名在長安東三十里三秦記霸水古藍水也出雍州藍田谷北入渭水 徐厲로 爲將軍ᄒᆞ야 次棘門ᄒᆞ야 以備胡ᄒᆞ다 棘門在長安北秦宮門也括地志棘門在橫門之外三輔黃圖長安城北出西頭第一門曰欑門橫音先

六年이라冬에凶奴三萬騎는上郡의入ᄒᆞ고三萬騎는雲中에入ᄒᆞ니烽火ㅣ甘泉과長安에通ᄒᆞ거늘周亞夫로ᄡᅥ將軍을삼아細柳에次ᄒᆞ고劉禮로將軍을삼아霸上에次ᄒᆞ고徐厲로將軍을삼아棘門에次ᄒᆞ야ᄡᅥ胡를備ᄒᆞ다

上이 自勞軍ᄒᆞᆯ서 至霸上及棘門軍ᄒᆞ야 直馳入ᄒᆞ니 將以下ㅣ 騎送迎이러니 已而오 之細柳軍ᄒᆞ니 軍士吏ㅣ 被甲銳兵刃ᄒᆞ고 彀弩持滿ᄒᆞ야 彀張也持滿者但引滿而不發 天子先驅ㅣ 至不得入이라 先驅即前導也在前引導車駕者猶唐之武侯隊

上이스ᄉᆞ로軍을위로ᄒᆞᆯ시霸上과밋棘門軍에至ᄒᆞ야곳馳ᄒᆞ야入ᄒᆞ니將ᄡᅥ아래가

騎ㅣ送ᄒᆞ고迎ᄒᆞ더니已而오細柳軍에之ᄒᆞ니軍士와吏ㅣ甲을被ᄒᆞ고兵刃을銳ᄒᆞ
고弩를彀ᄒᆞ야持ᄒᆞ야滿히ᄒᆞ야天子의先驅ㅣ至ᄒᆞ야시러곰入치못ᄒᆞᄂᆞᆫ지라

先驅ㅣ曰天子ㅣ且至라호ᄃᆡ軍門都尉ㅣ曰將軍이令曰軍中에聞將軍令이오不聞天子詔라호이다 六韜云軍中之事不聞君命又管子司馬兵法曰將在外君命有所不受

先驅ㅣ曰天子ㅣ또至ᄒᆞ신다ᄒᆞᆫᄃᆡ軍門都尉ㅣ曰將軍이令ᄒᆞ야曰軍中에將軍의令
을聞ᄒᆞ고天子의詔를聞치말나호이다

上이至ᄒᆞ야又不得入이라於是에上이使使持節ᄒᆞ야詔將軍호ᄃᆡ吾欲入營勞軍ᄒᆞ노라 此用史紀句 亞夫ㅣ乃傳言開壁門ᄒᆞ니壁門士ㅣ請車騎曰 此用漢書句 將軍이約호ᄃᆡ軍中에不得馳驅라호이다

上이至ᄒᆞ야시러곰入치못ᄒᆞᆫ지라이에上이使를부려節을持ᄒᆞ야將軍에게詔호ᄃᆡ
吾ㅣ營에入ᄒᆞ야軍을勞코져ᄒᆞ노라亞夫ㅣ이에言을傳ᄒᆞ야壁門을開ᄒᆞ니壁門士
ㅣ車騎에게請ᄒᆞ야曰將軍이約호ᄃᆡ軍中에馳驅ᄒᆞᆷ을得치못ᄒᆞᆫ다호이다

於是에天子ㅣ乃按轡徐至營ᄒᆞ니將軍亞夫ㅣ持兵揖曰介冑之士ᄂᆞᆫ不拜ᄒᆞ니請以軍禮로見ᄒᆞ노이다 介甲也冑兜鍪也記曲禮介冑則有不可犯之色又曰介者不拜爲其拜而蓌拜注蓌則失容節蓌猶詐也音挫又

晉作朱氏曰萎猶言有所枝注不利屈伸也

이에天子ㅣ이에轡를按ᄒᆞ고徐히行ᄒᆞ야營에至ᄒᆞᆫ니將軍亞夫ㅣ兵을持ᄒᆞ고揖ᄒᆞ야日介冑의士ᄂᆞᆫ拜치안는다ᄒᆞ니請컨ᄃᆡ軍禮로써見ᄒᆞ노이다

天子ㅣ放容式車ᄒᆞ고使人稱謝ᄒᆞᆫᄃᆡ(凡言式車者謂俛身撫式以禮待人) 皇帝ㅣ敬勞將軍이라ᄒᆞ고成禮而去ᄒᆞ니 既出軍門에 群臣이 皆驚이어ᄂᆞᆯ 上曰嗟乎라ㅣ 此ㅣ眞將軍矣로다 曩者에 霸上棘門軍은 若兒戲爾라 其將은 固可襲而虜也어니와 至於亞夫ᄒᆞ야ᄂᆞᆫ 可得而犯耶아 稱善者ㅣ久之러니 月餘에 漢兵이 至邊ᄒᆞ니 凶奴ㅣ亦遠塞어ᄂᆞᆯ(遠塞出塞遠去也) 漢兵이 亦罷ᄒᆞ니(此用凶奴傳文) 乃拜周亞夫ᄒᆞ야 爲中尉ᄒᆞ다(出史紀本紀周勃世家及凶奴傳漢書同 中尉掌徼循京常武帝更名號金吾)

天子ㅣ容을改ᄒᆞ야車에式ᄒᆞ고人으로ᄒᆞ야곰謝를稱ᄒᆞ되皇帝ㅣ將軍을敬勞ᄒᆞ샤다ᄒᆞ고禮를成ᄒᆞ고去ᄒᆞ니임의軍門에出ᄒᆞᆷ의羣臣이다驚ᄒᆞ거ᄂᆞᆯ上이曰嗟홉다此가ᄎᆞᆷ將軍이로다曩者에霸上과棘門의軍은兒戲와갓ᄒᆞᆫ지라그將은진실로可히襲ᄒᆞ야虜ᄒᆞ겟거니와亞夫에至ᄒᆞ야ᄂᆞᆫ可히시러곰犯ᄒᆞ랴善타稱ᄒᆞᆫ者ㅣ久ᄒᆞ더니月餘에漢兵이邊에至ᄒᆞᆫ니凶奴ㅣ또ᄒᆞᆫ塞을遠히ᄒᆞ거ᄂᆞᆯ漢兵이또ᄒᆞᆫ罷ᄒᆞ니이에周亞

布義行剛曰景

夫를拜ᄒᆞ야中尉를삼다

班固贊曰文帝即位二十三年宮室苑囿車騎服御無所增益有不便輒弛以利民嘗欲作露臺召匠計之直百金上曰百金中人十家之産也吾奉先帝宮室當恐羞之何以臺爲身衣弋綈所幸愼夫人衣不曳地帷帳無文繡以示敦朴爲天下先治霸陵皆瓦器不以金銀銅錫爲飾因其山不起墳南越尉佗自立爲帝召尉佗兄弟以德懷之佗遂稱臣與凶奴結和親後而背約入盜令邊備守不發兵深入恐煩百姓吳王不朝賜以几杖羣臣袁盎等諫說雖切常假借納用焉張武受賂金錢覺更加賜以愧其心專務以德化民是以海內富庶興禮於義斷獄數百幾致刑措嗚呼仁哉

(甲申)七年이라夏六月에帝ㅣ崩ᄒᆞ다

七年이라夏六月에帝가崩ᄒᆞ다

孝景皇帝(名啓文帝之子)在位十六年壽四十八(遭孝文之業五六十載之間至於移風易俗黎民醇厚周云成康漢言文景美矣然稽古禮文之事猶多闕焉)

(乙酉)元年이라五月에復收民田半租ᄒᆞ대三十而稅一ᄒᆞ다(出食貨志)

元年이라五月에다시民田半租를收호ᄃᆡ三十에一을稅ᄒᆞ다

初에文帝ㅣ除肉刑ᄒᆞ니外有輕刑之名이나內室殺人이라斬右趾者

(重罪)死刑也

(不可爲人)不能起居也

ㅣ又當死ᄒᆞ고斬左趾者를笞五百ᄒᆞ고當劓者를笞三百ᄒᆞ니率多死ㅣ라

是歲에下詔曰加笞는重罪로無異라幸而不死라도不可爲人이니

其定律ᄒᆞ야笞五百曰三百이라ᄒᆞ고三百曰二百이라ᄒᆞ라 出刑法志

初에文帝ㅣ肉刑을除ᄒᆞ니外로輕刑의名이有ᄒᆞ나內ᄂᆞᆫ실상人을殺ᄒᆞᆷ이라右趾를斬ᄒᆞᆯ者ㅣ또死를當ᄒᆞ고左趾를斬ᄒᆞᆯ者를笞五百ᄒᆞ고劓를當ᄒᆞᆯ者를笞三百ᄒᆞ니다저死가多ᄒᆞᆫ지라이ᄒᆡ에詔를下ᄒᆞ야曰笞를加ᄒᆞᆷ은重罪로異ᄒᆞᆷ이無ᄒᆞᆫ지라幸히死치안터라도可히人이되지못ᄒᆞᆯ지니그律을定ᄒᆞ야笞五百은曰三百이라ᄒᆞ고三百은曰二百이라ᄒᆞ라

秋에與匈奴로和親ᄒᆞ다 出本紀

秋에匈奴로더브러和親ᄒᆞ다

梁孝王이以竇太后幼子故로有寵ᄒᆞ야王四十餘城ᄒᆞ야居天下膏腴地ᄒᆞ고 腹之下肥曰腴改取以下肥饒之地 賞賜는不可勝紀러라

梁孝王이竇太后의幼子인故로써寵이有ᄒᆞ야四十餘城에王ᄒᆞ야天下膏腴의地에居ᄒᆞ고賞賜ᄒᆞᆷ은可히이긔여紀치못ᄒᆞ겟더라

梁孝王景帝同母弟(詹事)詹省也供也皇后太子各置詹事隨其所在以名官秩二千石(竇嬰)太后從兄子也

(丁亥)三年이라梁孝王이來朝ᄒᆞ다時에上이未置太子러니與王宴飲이라가從容言曰千秋萬歲後에傳於王호리라王이辭謝ᄒᆞ고雖知非至言이나然이나心內喜ᄒᆞ고太后ㅣ亦然之러니詹事竇嬰이引巵酒進曰天下者ᄂᆞᆫ高祖之天下오父子相傳은漢之約也ㅣ어ᄂᆞᆯ上이何以得傳梁王이시리잇고太后ㅣ由此로憎嬰ᄒᆞ니王이以此益驕러라

三年이라梁孝王이와셔朝ᄒᆞ다時에上이太子를置치못ᄒᆞ얏더니王으로더브러宴飲ᄒᆞ다가從容히言ᄒᆞ야曰千秋萬歲後에王에게傳호리라王이辭謝ᄒᆞ고비록至言이아님을知ᄒᆞᄂᆞ 그러나心內로喜ᄒᆞ고太后ㅣ또ᄒᆞᆫ그러이ᄒᆞ더니詹事竇嬰이巵酒들引ᄒᆞ고進ᄒᆞ야曰天下者ᄂᆞᆫ高祖의天下오父子ㅣ서로傳ᄒᆞᆷ은漢의約이어ᄂᆞᆯ上이엇지ᄒᆞ야써시러곰梁王에게傳ᄒᆞ시리잇고太后ㅣ此로由ᄒᆞ야嬰을憎ᄒᆞ니王이此로써더욱驕ᄒᆞ더라

(博)圍棊也

初에孝文時에吳太子ㅣ入見에得侍皇太子ᄒᆞ야飲博ᄒᆞᆯ서(伯各反)吳太子ㅣ博이라가爭道不恭이어ᄂᆞᆯ(爭道謂行棊之路)皇太子ㅣ引博局ᄒᆞ야(棊盤)提殺之ᄒᆞ니(徐廣曰提徒計反史記周勃世家太后以冒絮提文帝索隱曰提音弟或音啼非也蕭該音底是擲也按蕭音爲是)吳王이由此로稍失藩臣之禮ᄒᆞ야稱

(吳王)名濞高祖兄仲之子

(几杖)几所以凭坐杖所以倚行賜之所以養其身體

(銅鹽爲資)吳有銅山招致天下亡命以爲鑄錢煑海水爲鹽故無賦而國用足

(公共)公顯然也共皆也

疾不朝京師ᄒᆞ고始有反謀어늘 文帝ㅣ賜吳王几杖ᄒᆞ고 老不朝ᄒᆞ라ᄒᆞ니 吳ㅣ得釋其罪ᄒᆞ고 謀亦益解ᄒᆞ나 然이나 其居國에 以銅鹽爲資故로 百姓이無佗賦ᄒᆞ고 郡國吏ㅣ欲來捕亡人者를(捕亡人謂避禍而逃亡者討捕之也) 公共禁弗予ᄒᆞ니(史記吳王濞傳公作訟注如淳曰訟公也正義曰訟者容言其相容禁止不與也) 如此者ㅣ四十餘年이러라

初에孝文時에吳太子ㅣ入見홈의皇太子에게得侍ᄒᆞ야飮ᄒᆞ고博홀ᄉᆡ吳太子ㅣ博ᄒᆞ다가道를爭ᄒᆞ야恭치안커놀皇太子ㅣ博局을引ᄒᆞ야提ᄒᆞ야殺ᄒᆞ니吳王이此로由ᄒᆞ야점점藩臣의禮를失ᄒᆞ야疾을稱ᄒᆞ고京師에朝치아니ᄒᆞ고비로소反홀謀ㅣ有ᄒᆞ거놀文帝ㅣ吳王에게几杖을賜ᄒᆞ고老ᄒᆞ야朝치안는다ᄒᆞ니吳ㅣ그罪을釋홈을得ᄒᆞ고謀ㅣ또ᄒᆞᆫ더욱解ᄒᆞ나그러나그國에居ᄒᆞ야銅鹽으로써資를ᄒᆞᄂᆞᆫ故로百姓이佗賦가無ᄒᆞ고郡國吏가來ᄒᆞ야亾人을捕코져ᄒᆞᄂᆞᆫ者를公으로ᄒᆞᆫ가지禁ᄒᆞ야予치안ᄒᆞ니이와갓흔者ㅣ四十餘年이러라

鼂錯ㅣ數上書言吳過可削이라호ᄃᆡ 文帝ㅣ寬不忍罰ᄒᆞ니 以此로吳ㅣ日益橫이러라

鼂錯ㅣ자조書를上ᄒᆞ야吳過를言ᄒᆞ고可히削홀지라호ᄃᆡ文帝ㅣ寬ᄒᆞ야참아罰치아니ᄒᆞ니此로써吳ㅣ日로益히橫ᄒᆞ더라

(郤)隙也

及帝ㅣ即位에錯ㅣ說上曰昔에高帝ㅣ初定天下에昆弟ㅣ少ᄒᆞ고諸子ㅣ弱이라ᄒᆞ샤大封同姓ᄒᆞ시니齊ᄂᆞᆫ七十餘城이오楚ᄂᆞᆫ四十餘城이오吳ᄂᆞᆫ五十餘城이라封三庶孼ᄒᆞ샤分天下半이러시니 正長曰嫡其餘曰庶孼隷之子曰孼孼之言蘖也有罪之女沒廢役之而己得幸於君有所生若未既伐而生栟也栟與蘖通也

밋帝ㅣ位에即ᄒᆞᆷ의錯ㅣ上을說ᄒᆞ야曰昔에高帝ㅣ처음으로天下를定ᄒᆞᆷ의昆弟가少ᄒᆞ고諸子가弱ᄒᆞ다ᄒᆞ사크게同姓을封ᄒᆞ시니齊ᄂᆞᆫ七十餘城이오楚ᄂᆞᆫ四十餘城이오吳ᄂᆞᆫ五十餘城이라三庶孼을封ᄒᆞ샤天下半을分ᄒᆞ셧더니

今吳王이前有太子之郤이라ᄒᆞ야詐稱病不朝ᄒᆞ니於古法에當誅로되文帝ㅣ不忍ᄒᆞ샤因賜几杖ᄒᆞ시니德이至厚也라當改過自新이어ᄂᆞᆯ反益驕溢ᄒᆞ야即山鑄錢ᄒᆞ며煑海爲鹽ᄒᆞ고誘天下亡人ᄒᆞ야謀作亂ᄒᆞ니今에削之라도亦反이오不削이라도亦反이어니와削之면反亟禍小ᄒᆞ고不削이면反遲禍大ᄒᆞ리이다 以上出史記吳王濞傳 上이令公卿列侯宗室雜議ᄒᆞ니莫敢難이러라 出錯本傳

이제吳王이前에太子의郤이有ᄒᆞ다ᄒᆞ야그짓病을稱ᄒᆞ고朝치아니ᄒᆞ니古法에맛

당이誅홀것이로ᄃᆡ文帝ㅣ춤아못ᄒ샤因ᄒ야几杖을賜ᄒ시니德이至厚ᄒᆫ지라맛당이過를改ᄒ고스ᄉ로新홀것이어늘도로여더욱驕溢ᄒ야山에即ᄒ야錢을鑄ᄒ며海를煑ᄒ야鹽을ᄒ고天下의亡人을誘ᄒ야亂짓기를謀ᄒ니今에削ᄒ야도ᄯᅩᄒᆫ反홀것이오削지아니ᄒ더라도ᄯᅩᄒᆫ反홀것이어니와削ᄒ면反이亟ᄒ나禍ㅣ小ᄒ고削치아니ᄒ면反이大ᄒ나禍ㅣ遲ᄒ리이다上이公卿列侯宗室로ᄒ야곰雜議케ᄒ니敢히難ᄒ리업더라

初에楚元王이好書ᄒ야與魯申公(申公魯人史記云言詩於魯則申培公韋昭曰培申公之名)穆生白生으로俱受詩於浮丘伯이러니(浮丘伯齊人浮丘複姓也伯名也紹隱曰呂后時浮丘伯在長安申公與元王子劉郢俱卒學)及王楚에以三人으로爲中大夫ᄒ다

初에楚元王이書를好ᄒ야魯申公과穆生과白生으로더브러ᄒᆫ가지詩를浮丘伯에게受ᄒ얏더니밋楚에王홈의三人으로써中大夫를숨다

穆生어不嗜酒어늘元王이每置酒에常爲穆生設醴ᄒ고及子夷王孫王戊ㅣ即位ᄒ야도常設이러니後乃忘設焉이어늘穆生이退曰可以逝矣로다醴酒를不設ᄒ니王之意ㅣ怠라不去면楚人이將鉗我於市

(私奸服)爲奸於服舍也服舍喪服之次

라ᄒᆞ고遂謝病去ᄒᆞ니 出漢書楚元王交傳

穆生이酒를嗜치안커ᄂᆞᆯ元王이미양酒를置ᄒᆞᆷ의상항穆生을爲ᄒᆞ야醴를設ᄒᆞ고子夷王과孫王戊ㅣ卽位ᄒᆞᆷ에及ᄒᆞ야도常히設ᄒᆞ더니後에이에設을忘ᄒᆞ거ᄂᆞᆯ穆生이退ᄒᆞ야曰可히ᄡᅥ逝ᄒᆞᆯ지로다醴酒를設치아니ᄒᆞ니王의意가怠ᄒᆞᆫ지라去치아니ᄒᆞ면楚人이장ᄎᆞᆺ我를市에鉗ᄒᆞ리라ᄒᆞ고드대여病을謝ᄒᆞ고去ᄒᆞ다

楚王戊ㅣ來朝어ᄂᆞᆯ 楚王戊高帝弟楚王交孫嗣二十一年反都彭城

楚王戊ㅣ와서朝ᄒᆞ거ᄂᆞᆯ

錯ㅣ因言ᄒᆞᆫ대戊往年에爲薄太后服ᄒᆞᆫ서私奸服舍라ᄒᆞ야削東海郡ᄒᆞ고前年에趙王이有罪라ᄒᆞ야削其常山郡ᄒᆞ고 趙王名遂高帝孫幽王友子嗣二十六年反都邯鄲 膠西王卬이以賣爵事로有奸이라ᄒᆞ야削其六縣ᄒᆞ고 卬高帝孫齊悼惠王子故昌侯十年反都密州高密縣按高密今屬菑州膠州理膠西縣 廷臣이方議削吳러니吳王이恐削地無己ᄒᆞ야因發謀擧事ᄒᆞᆫ서說膠西王ᄒᆞ야約齊菑川 菑川王名賢高帝孫齊悼惠王子故武成侯立十一年反都劇按劇縣屬菑州菑州隋置淄州今淄陽是括地志故劇城在青州壽光南三十里 膠東 膠東王雄渠高帝孫齊悼惠王子故白石侯五十一年反都卽墨括地志卽墨故城在今登州膠水縣東六十里故曰膠東 濟南ᄒᆞ니 齊南王辟光高帝孫齊悼惠王子故扐侯立十一年反都濟南括地志濟南故城在淄州長止縣西北三十里 楚趙ㅣ皆反이라發使遺諸侯書ᄒᆞᆫ대罪狀鼂錯ᄒᆞ야 狀容之也其書形狀鼂錯之罪獨莊子之自狀其過

(太尉)掌武事自上安下曰尉武官悉以爲稱

欲合兵誅之러라　出漢書吳王濞傳無此三句

錯ㅣ因ᄒᆞ야言호ᄃᆡ戊ㅣ往年에薄太后를爲ᄒᆞ야服을호ᄃᆡ私로服절ᄎᆞ에奸ᄒᆞ얏다ᄒᆞ야東海郡을削ᄒᆞ고前年에趙王이罪가有ᄒᆞ다ᄒᆞ야그常山郡을削ᄒᆞ고膠西王卬이爵을賣ᄒᆞᆫ事로써奸이有ᄒᆞ다ᄒᆞ야그六縣을削ᄒᆞ고廷臣이바야흐로吳를削ᄒᆞ기를議ᄒᆞ더니吳王이地를削ᄒᆞᆷ을말미업슴을恐ᄒᆞ야因ᄒᆞ야謀를發ᄒᆞ야事를擧ᄒᆞᆯᄉᆡ膠西王을說ᄒᆞ야齊菑川과膠東과濟南과約ᄒᆞ니楚趙ㅣ다反ᄒᆞᆫ지라使를發ᄒᆞ야諸侯에게書를遺호대鼂錯를罪로狀ᄒᆞ야兵을合ᄒᆞ야誅코져ᄒᆞ더라

初에文帝ㅣ且崩에戒太子曰即有緩急이어든周亞夫ᄂᆞᆫ眞可任將兵이라ᄒᆞ더니及七國反書ㅣ聞에上이乃拜中尉周亞夫ᄒᆞ야爲太尉ᄒᆞ야將三十六將軍ᄒᆞ야往擊吳楚ᄒᆞ고遣酈寄擊趙ᄒᆞ고欒布로擊齊ᄒᆞ다

初에文帝ㅣ또ᄒᆞᆫ崩ᄒᆞᆷ의太子를戒ᄒᆞ야曰곳緩急이有ᄒᆞ거든周亞夫ᄂᆞᆫ참可히將兵을任ᄒᆞᆯ만ᄒᆞ다ᄒᆞ더니밋七國의反書ㅣ聞ᄒᆞᆷ의上이이에中尉周亞夫를拜ᄒᆞ야太尉를ᄉᆞᆷ어三十六將軍을將ᄒᆞ야往ᄒᆞ야吳楚를擊ᄒᆞ고酈寄를遣ᄒᆞ야趙를擊ᄒᆞ고欒布로齊를擊ᄒᆞ다

錯ㅣ素與吳相袁盎오로不善이러니盎이夜見竇嬰ᄒᆞ고爲言吳所以

(調)計也謂計發兵食也

(卒問)卒猝也

適讀曰謫責也

反ᄒᆞ고願至上前ᄒᆞ야口對狀이어늘 言不用奏章願至主上前口對說也 嬰이入言ᄒᆞᆫ대上이乃召盎ᄒᆞ니盎이入見이어늘上이方與錯로調兵食이라가 上이問盎ᄒᆞ되 今吳楚ㅣ反ᄒᆞ니於公意에何如오 對曰願屛左右ᄒᆞ소서

錯ㅣ본대吳相袁盎으로더브러善치못ᄒᆞ더니盎이夜에竇嬰을見ᄒᆞ고吳의써反ᄒᆞᆫ바를言ᄒᆞ고上前에至ᄒᆞ야口로狀을對ᄒᆞ기願ᄒᆞ거ᄂᆞᆯ嬰이入ᄒᆞ야言ᄒᆞᆫ대上이이에盎을召ᄒᆞ니盎이入ᄒᆞ야見ᄒᆞ거ᄂᆞᆯ上이바야흐로錯로더브러兵食을調ᄒᆞ다가上이盎다려問ᄒᆞ되今에吳와楚가反ᄒᆞ니公의意에엇더ᄒᆞᆫ고對ᄒᆞ야曰願컨대左右를屛ᄒᆞ소서

錯ㅣ趨避東箱ᄒᆞ야甚恨이러니 上이 卒問盎ᄒᆞᆫ대 對曰吳楚ㅣ相遺書ᄒᆞ야言高帝ㅣ王子弟에各有分地어늘 今賊臣鼂錯ㅣ擅適諸侯ᄒᆞ야削奪其地ᄒᆞ니以故로反ᄒᆞ야欲共誅錯ᄒᆞ고復故地而罷ᄒᆞ다니 方今計는獨有斬錯ᄒᆞ고發使赦七國ᄒᆞ야 復其故地면則兵可毋血及而俱罷ᄒᆞ리이다

錯ㅣ趨ᄒᆞ야東箱에避ᄒᆞ야심히恨ᄒᆞ더니上이卒然이盎에게무른대對ᄒᆞ야曰吳楚

(朝衣)朝服

射音夜

ㅣ셔로書를遺ᄒᆞ야言호ᄃᆡ高帝ㅣ子弟를王ᄒᆞᆷ의각각分地가有ᄒᆞ거ᄂᆞᆯ今에賊臣鼂錯ㅣ擅히諸侯를適ᄒᆞ야그地를削ᄒᆞ고奪ᄒᆞ니以故로反ᄒᆞ야한가지錯를誅ᄒᆞ야故地를復ᄒᆞ고罷코져ᄒᆞᆫ다ᄒᆞ니方今의計ᄂᆞᆫ홀로斬錯ᄒᆞᆷ의有ᄒᆞ고使를發ᄒᆞ야七國을赦ᄒᆞ야그故地를復ᄒᆞ면곳兵이可히刃에血치아코한가지罷ᄒᆞ리이다

上이默然良久에曰顧誠何如오吾ㅣ不愛一人ᄒᆞ야以謝天下아錯ㅣ殊不知러라

上이默然良久에曰顧컨ᄃᆡ진실로엇더ᄒᆞᆫ고吾ㅣ一人을愛ᄒᆞ야써天下를謝치아니ᄒᆞ랴錯ㅣ자못知치못ᄒᆞ더라

上이使中尉로召錯ᄒᆞ야紿載行市ᄒᆞ니錯ㅣ衣朝衣ᄒᆞ고斬東市ᄒᆞ다

上이中尉로ᄒᆞ야곰錯를召ᄒᆞ야속여셔載ᄒᆞ고市에行ᄒᆞ니錯ㅣ朝衣를衣ᄒᆞ고東市에斬ᄒᆞ다

謁者僕射鄧公이(漢書作鄧先孔文祥曰姓鄧名先) **上書言軍事曰吳ㅣ爲反計ㅣ數十歲矣라發怒削地ᄒᆞ야以誅錯爲名이나其意ᄂᆞᆫ不在錯也니이다**

謁者僕射鄧公이書를上ᄒᆞ야軍事를言ᄒᆞ야曰吳ㅣ反計를ᄒᆞᆷ이數十歲라地를削ᄒᆞᆷ의怒를發ᄒᆞ야錯를誅ᄒᆞᆷ으로써名을ᄒᆞ나그意ᄂᆞᆫ錯에在치아니ᄒᆞ니이다

夫鼂錯ㅣ患諸侯彊大ᄒᆞ야不可制故로請削之ᄒᆞ야以尊京師ᄒᆞ니萬世之利也어늘計畫이始行에卒受大戮ᄒᆞ야內杜忠臣之口ᄒᆞ고外爲諸侯報仇ᄒᆞ니臣은竊爲陛下不取也ᄒᆞ노이다帝ㅣ喟然曰吾亦賢之ᄒᆞ노라 出鼂錯傳永嘉陳氏曰吳王招納亡叛反形已具漢固不可不爲之慮也其他若楚趙常山膠西之徒初曷嘗有反謀者哉向使錯之議止於削吳則其所反也獨一吳耳今也則地之令未加之謀反之吳而先加之未反之國使吳王得以藉口誘諸侯爲左右手幾於危劉氏之社稷然則揚子雲以錯爲愚誠可謂愚矣

무릇鼂錯ㅣ諸侯ㅣ彊大ᄒᆞ야可히制치못홈을患ᄒᆞᆫ故로請ᄒᆞ야削ᄒᆞ야써京師를尊ᄒᆞ니萬世의利어늘計畫이비로소行홈의맛ᄎᆞᆷ니大戮을受ᄒᆞ야內로忠臣의口를杜ᄒᆞ고外로諸侯를爲ᄒᆞ야仇를報ᄒᆞ니臣은간절이陛下를爲ᄒᆞ야取치안노이다帝ㅣ喟然ᄒᆞ고曰吾도ᄯᅩᄒᆞᆫ賢히ᄒᆞ노라

亞夫ㅣ言於上曰楚兵이剽輕ᄒᆞ니難與爭鋒이라願以梁으로委之ᄒᆞ야絕其食道라야乃可制也리이다上이許之ᄒᆞ다

亞夫ㅣ上게言ᄒᆞ야曰楚兵이剽ᄒᆞ고輕ᄒᆞ니더부러鋒을爭키難ᄒᆞᆫ지라원컨ᄃᆡ梁으로써委ᄒᆞ야그食道를絕ᄒᆞ여야이에可히制ᄒᆞ리이다上이許ᄒᆞ다

亞夫ㅣ乘傳ᄒᆞ고乘傳註見高帝五年將會兵滎陽ᄒᆞᆯᄉᆡ發至霸上ᄒᆞ니趙涉이遮說亞

夫曰吳王이知將軍且行이면必置人於殽澠之間ᄒᆞ리니殽山名今陝縣是也東崤至西崤二十五里在秦關之東漢關之西殽通作崤括地志洛州永甯西北二十里古殽道也澠屬弘農禹貢注屬河西郡澠當作黽俗作澠音彌兗反 且兵事ᄂᆞᆫ尙神密이니將軍은何不右去ᄒᆞ야走藍田藍田接漢地志京兆有藍田縣括地志云藍田山三皇舊居在雍州東南八十里從藍田關西入縣 出武關武關秦之南關也通南陽地括志故關在商州商洛東春秋時少習也ㅣ抵洛陽ᄒᆞ야直入武庫오武庫在未央宮蕭何造以藏兵器 諸侯ㅣ聞之면以爲將軍이從天而下也라ᄒᆞ리이다

亞夫ㅣ傳을乘ᄒᆞ고장찻兵을滎陽에會ᄒᆞᆯ시發ᄒᆞ야覇上에至ᄒᆞ니趙涉이遮ᄒᆞ고亞夫를說ᄒᆞ야曰吳王이將軍이ᄯᅩᄒᆞᆫ行ᄒᆞᆷ을知ᄒᆞ면반다시人을殽澠의間에置ᄒᆞ리니ᄯᅩ兵事ᄂᆞᆫ神密을尙ᄒᆞᄂᆞ니將軍은엇지ᄒᆞ야右로去ᄒᆞ야藍田으로走ᄒᆞ야武關을出ᄒᆞ고洛陽에抵ᄒᆞ야곳武庫로入치안ᄂᆞᆫ고諸侯ㅣ聞ᄒᆞ면써ᄒᆞ되將軍이天으로從ᄒᆞ야下ᄒᆞ얏다ᄒᆞ리이다

太尉ㅣ如其計ᄒᆞ야至洛陽ᄒᆞ야喜曰今吾ㅣ據滎陽ᄒᆞ니滎陽以東은無足憂者라ᄒᆞ고使使搜殽澠間ᄒᆞ야果得吳伏兵ᄒᆞ다

太尉ㅣ그計와갓치ᄒᆞ야洛陽에至ᄒᆞ야喜ᄒᆞ야日이제吾ㅣ滎陽에據ᄒᆞ니滎陽써東은足히憂ᄒᆞᆯ者ㅣ無ᄒᆞ다ᄒᆞ고使를부려殽澠間을搜ᄒᆞ야과연吳의伏兵를得ᄒᆞ다

吳攻梁急이어ᄂᆞᆯ 亞夫ㅣ 堅壁不出ᄒᆞ고 使輕騎로 出淮泗口ᄒᆞ야 (淮泗口在今淮安州北水經注淮水在山陽北五里淮水之會即城角也左右兩川夾翼二水以入即泗口也自龜山北縈廻楚城東入于海) 絶吳楚兵後ᄒᆞ고 塞其饟道ᄒᆞ니 (饟古餉字)

吳ㅣ糧絶卒飢ᄒᆞ야 數挑戰호ᄃᆡ 終不出ᄒᆞ다

吳ㅣ 梁을 攻ᄒᆞ기 急히 ᄒᆞ거ᄂᆞᆯ 亞夫ㅣ 壁을 堅히 ᄒᆞ고 出치 아니ᄒᆞ고 輕騎로ᄒᆞ야곰 淮泗口에 出ᄒᆞ야 吳楚兵의 後를 絶ᄒᆞ고 그 饟道를 塞ᄒᆞ니 吳ㅣ 糧이 絶ᄒᆞ고 卒이 飢ᄒᆞ야 자조 戰을 挑호ᄃᆡ 종시 出치 아니ᄒᆞ다

條侯軍中이 夜驚ᄒᆞ야 (條侯亞夫也) 內相攻擊ᄒᆞ야 擾亂至張下어ᄂᆞᆯ 亞夫ㅣ 堅臥不起러니 頃之오 復定ᄒᆞ다

條侯의 軍中이 夜에 驚ᄒᆞ야 內로서로 攻擊ᄒᆞ야 擾亂이 帳下에 至ᄒᆞ거ᄂᆞᆯ 亞夫ㅣ 堅히 臥ᄒᆞ야 起치 아니ᄒᆞ얏더니 얼마 잇다가 다시 定ᄒᆞ다

吳ㅣ 犇壁東南陬어ᄂᆞᆯ 亞夫ㅣ 使備西北이러니 已而오 果犇西北이라가 不得入이라 吳楚士卒이 多飢死叛散ᄒᆞ야 乃引去어ᄂᆞᆯ 亞夫ㅣ 出精兵ᄒᆞ야 追擊大破之ᄒᆞ니 吳王이 棄軍走度淮ᄒᆞ야 (度與渡通濟也風俗通云淮廟在唐州東二十里廟前槐樹下有一泉眼淮水出焉其原甚窄可蕩而踰流至楊徐間始大禹貢案傳曰淮水出南陽平氏縣昭鬱山北過桐栢山東南入海今唐州有桐柏縣疾趨也) 保東越이어ᄂᆞᆯ 東越이 殺之ᄒᆞ다

吳ㅣ犇ᄒᆞ야東南陬에壁ᄒᆞ거ᄂᆞᆯ亞夫ㅣᄒᆞ야곰西北을備ᄒᆞ라ᄒᆞ얏더니얼마잇다가과연西北으로犇ᄒᆞ다가入ᄒᆞᆷ을得치못ᄒᆞᆫ지라吳楚士卒이飢死ᄒᆞ고叛散ᄒᆞᆷ이多ᄒᆞ야이에引ᄒᆞ고去ᄒᆞ거ᄂᆞᆯ亞夫ㅣ精兵을出ᄒᆞ야追擊ᄒᆞ야크게破ᄒᆞ니吳王이軍를棄ᄒᆞ고走ᄒᆞ야淮를度ᄒᆞ야東越을保ᄒᆞ거ᄂᆞᆯ東越이殺ᄒᆞ다

楚王은**自殺**ᄒᆞ고**齊王**은**飮藥死**ᄒᆞ고**膠西王**은**自殺**ᄒᆞ고**膠東菑川濟南王**은**皆伏誅**ᄒᆞ다 出亞夫傳

楚王은自殺ᄒᆞ고齊王은藥을飮ᄒᆞ고死ᄒᆞ고膠西王은自殺ᄒᆞ고膠東과菑川과濟南王은다伏誅ᄒᆞ다

(辛卯)七年이라**廢太子榮**ᄒᆞ야**爲臨江王**ᄒᆞ다

七年이라太子榮을廢ᄒᆞ야臨江王을숨다

立膠東王徹ᄒᆞ야**爲皇太子**ᄒᆞ다 出本紀

膠東王徹을立ᄒᆞ야皇太子를숨다

(丁酉)中六年이라**上**이**旣減笞法**ᄒᆞ대**笞者猶**ㅣ**不全**이어ᄂᆞᆯ**乃更減**ᄒᆞ야**笞三百曰二百**이오**笞二百曰一百**이라ᄒᆞ고**又定箠令**ᄒᆞ니**自是**로**笞者**ㅣ

笞長五尺其本大六寸竹也末薄半寸皆平其節

得全이나然이나死刑이旣重而生刑이又輕ᄒᆞ야民易犯之러라 出漢書刑法志

中六年이라上이임의笞法을減ᄒᆞ얏스되笞者ㅣ오히려全치못ᄒᆞ거ᄂᆞᆯ이에다시減ᄒᆞ야笞三百을曰二百이오笞二百을曰一百이라ᄒᆞ고또箠令을定ᄒᆞ니이로브터笞者ㅣ全을得ᄒᆞ나然이나死刑이임의重ᄒᆞ고生刑이또ᄒᆞᆫ輕ᄒᆞ야民이犯키易ᄒᆞ더라

(戊戌)後元年이라直不疑로爲御史大夫ᄒᆞ다初에不疑ㅣ爲郎에同舍에有告歸ᄒᆞ야誤持其同舍郎金去러니已而오同舍郎이覺亡ᄒᆞ고意不疑어ᄂᆞᆯ不疑ㅣ謝有之ᄒᆞ고買金償이러니後에告歸者ㅣ至而歸金이어ᄂᆞᆯ亡金郎이大慙이라以此로稱爲長者ㅣ러라 出漢書本傳

後元年이라直不疑로御史大夫를숨다初에不疑ㅣ郎이됨의同舍에歸를告ᄒᆞᄂᆞᆫ이가有ᄒᆞ야誤히그同舍郎의金을持ᄒᆞ고去ᄒᆞ얏더니而已오同舍郎이亾홈을覺ᄒᆞ고不疑를意ᄒᆞ거ᄂᆞᆯ不疑ㅣ有ᄒᆞ다謝ᄒᆞ고金을買ᄒᆞ야償ᄒᆞ얏더니後에歸를告ᄒᆞ던者ㅣ至ᄒᆞ야金을歸ᄒᆞ거ᄂᆞᆯ亾金郎이크게慙ᄒᆞᄂᆞᆫ지라이로써長者라稱ᄒᆞ더라

(庚子)三年이라十二月에帝ㅣ崩ᄒᆞ고太子ㅣ卽皇帝位ᄒᆞ니年이十六이러라 出本紀라

三年이라十二月에帝ㅣ崩ᄒᆞ고太子ㅣ皇帝位에即ᄒᆞ니年이十六이러라

漢書에曰漢興에接秦之弊ᄒᆞ야自天子로不得具鈞駟ᄒᆞ고天子駕駟馬其色宜齊同言當時國家貧天子不能具鈞色之駟馬漢書作醇與純同一色也而將相이或乘牛車ᄒᆞ고齊民이無盖藏이러니齊等無有貴賤故曰齊民若今言平民也記王制曰古者公田籍而不稅其法言口授出初無貧富不均之患故曰齊民言民業均齊也無盖藏謂無物可盖藏也月令孟冬命百官謹盖藏註府庫囷倉有藏物也藏才浪反又如字盖胡臘反天下ㅣ已平에高祖ㅣ乃令賈人으로不得衣絲乘車ᄒᆞ고重租稅ᄒᆞ야以困辱之러니孝惠高后時에爲天下初定이라ᄒᆞ야復弛商賈之律이나然이나市井之子孫이亦不得仕宦爲吏ᄒᆞ고量吏祿度官用ᄒᆞ야以賦於民ᄒᆞ고而山川園池市井租稅之入을自天子로以至于奉君湯沐邑히皆各爲私奉養焉ᄒᆞ야不領於天下之經費ᄒᆞ고漕轉山東粟ᄒᆞ야以給中都官호ᄃᆡ歲不過數十萬石이러니

漢書에曰漢興에秦의弊를接ᄒᆞ야天子로브터시러곰鈞駟를具치못ᄒᆞ고將相이或牛車를乘ᄒᆞ고齊民이盖藏이無ᄒᆞ더니天下ㅣ임의平ᄒᆞᆷ이高祖ㅣ이에賈人으로ᄒᆞ야곰絲를衣ᄒᆞ고車를乘ᄒᆞᆷ을得지못ᄒᆞ게ᄒᆞ고租稅를重히ᄒᆞ야써困辱ᄒᆞ더니孝惠

(露稱)積音恣儲蓄也凡指所聚之物而言之則去聲聚物而稱累之則入聲也(粱)米之精也

高后의時에天下ㅣ처음으로定ᄒᆞ얏다ᄒᆞ야다시商賈의律을弛ᄒᆞ나그러나市井의子孫이ᄯᅩᄒᆞᆫ仕宦ᄒᆞ야吏됨을得치못ᄒᆞ고吏祿을量ᄒᆞ고官用을度ᄒᆞ야써民에賦ᄒᆞ고山川園池市井租稅의入을天子로브터써封君湯沐邑에至ᄒᆞ기다각〻스〻로奉養ᄒᆞ야天下의經費에領치안코山東粟을轉漕ᄒᆞ야써中都官을給호ᄃᆡ歲에數十萬石에過치안터니

繼以孝文孝景이 淸淨恭儉ᄒᆞ야 安養天下ᄒᆞ니 七十餘年之間에 國家ㅣ無事ᄒᆞ고 非遇水旱之災ᄒᆞ야 民則家給人足ᄒᆞ고 都鄙廩庾ㅣ皆滿而府庫에 餘貨財ᄒᆞ고 京師之錢이 累巨萬이라 貫朽而不可校ᄒᆞ고 太倉之粟이 陳陳相因ᄒᆞ야 充溢露積於外ᄒᆞ야 至腐敗不可食ᄒᆞ고 衆庶ㅣ 街巷有馬而阡陌之間에 成羣ᄒᆞ고 乘字牝者를 擯而不得聚會ᄒᆞ고(字牝畜母也漢書音義曰皆乘父馬有牝馬間其間則相踶齧故斥不得聚會) 守閭閻者ㅣ 食粱肉ᄒᆞ고 爲吏者ㅣ 長子孫ᄒᆞ고(時無事吏不數遷至於子孫長大而不轉職任) 居官者ㅣ 以爲姓號ㅣ라(謂以官名爲姓氏如淳曰倉氏庾氏則倉庫之後) 故로 人人이 自愛而重犯法ᄒᆞ야(重難也) 先行義而後詘辱焉이러라

繼ᄒᆞ야써孝文孝景이淸淨ᄒᆞ고恭儉ᄒᆞ야天下를安養ᄒᆞ니七十餘年의間에國家ㅣ

(有土宗室受封邑有地者)

事가無ᄒᆞ고水旱의災를遇치아니ᄒᆞ야民인則家가給ᄒᆞ고人이足ᄒᆞ고都鄙의廩庾ㅣ다滿ᄒᆞ고府庫에貨財가餘ᄒᆞ고京師의錢이累巨萬이라貫이朽ᄒᆞ야可히校치못ᄒᆞ고太倉의粟이陳々ᄒᆞ야서로因ᄒᆞ야充溢ᄒᆞ야積이外에露ᄒᆞ야腐敗케이르러可히食치못ᄒᆞ고衆庶ㅣ街巷에馬가有ᄒᆞ야阡陌의間에群을成ᄒᆞ고字牝을乘ᄒᆞᆫ者ᄂᆞᆫ擯ᄒᆞ야聚會ᄒᆞᆷ을得지못ᄒᆞ게ᄒᆞ고閭閻을受ᄒᆞᄂᆞᆫ者ᄂᆞᆫ粱肉을食ᄒᆞ고吏된者ᄂᆞᆫ子孫을長ᄒᆞ고官에居ᄒᆞᆫ者ᄂᆞᆫ써姓號를삼으니故로人人이스사로愛ᄒᆞ야法에犯ᄒᆞ기를重히ᄒᆞ야먼져義를行ᄒᆞ고後에詘辱ᄒᆞ더라

當此之時ᄒᆞ야罔疏而民富ᄒᆞ고役財ㅣ驕溢ᄒᆞ야或至兼幷ᄒᆞ며豪黨之徒ㅣ以武斷於鄕曲ᄒᆞ고(鄕曲豪富無官位而以威勢主斷曲直故曰武斷秦國策注曲者里之一曲如韋曲杜曲)宗室有土와公卿大夫以下ㅣ爭事奢侈ᄒᆞ야室廬輿服이僭于上ᄒᆞ야無限度ᄒᆞ니物盛而衰ᄂᆞᆫ固其變也ㅣ나自是之後로孝武ㅣ內窮侈靡ᄒᆞ고外攘夷狄ᄒᆞ니天下ㅣ蕭然ᄒᆞ야財力이耗矣러라

이때를當ᄒᆞ야罔이疏ᄒᆞ고民이富ᄒᆞ고役財ㅣ驕溢ᄒᆞ야或兼並에至ᄒᆞ며豪黨의徒ㅣ써鄕曲에武斷ᄒᆞ고宗室이土가有ᄒᆞᆫ이와公卿大夫以下ㅣ닷토아奢侈를事ᄒᆞ야

室廬와輿服이上에僭ᄒᆞ야限度가無ᄒᆞ니物이盛ᄒᆞ면衰ᄒᆞᄂᆞᆫ것은진실로그變ᄒᆞᆷ이
라이後로브터孝武ㅣ內로侈靡를窮히ᄒᆞ고外로夷狄을攘ᄒᆞ니天下ㅣ蕭然ᄒᆞ야財
力이耗ᄒᆞ더라

(班固)贊曰孔子稱斯民也三代之所以直道而行也信哉周秦之弊罔密文峻而奸軌不勝漢興掃除煩苛與
民休息至於孝文加之以恭儉孝景遵業五六十載之間至於移風易俗黎民醇厚周云成康漢言文景美矣

威彊叡德曰武

(知)智通

漢紀

世宗孝武皇帝上(名徹景帝之子)在位五十四年 壽七十(征伐四夷海內罷耗末年不免輪臺之悔如武帝之雄才大畧使其不改文景之恭儉以濟斯民雖詩書所稱何以加焉)

(辛丑)建元元年이라(自古帝王未有年號始起於此)冬十月에 詔擧賢良方正直言極諫之士ᄒᆞᆯ셔(本紀云丞相奏所擧賢良或治申商韓非蘇秦張儀之言亂國政請皆罷奏可)上이 親策問以古今治道ᄒᆞ니 廣川董仲舒ㅣ 對曰臣은 觀天人相與之際ᄒᆞ니 甚可畏也ㅣ라 自非太亡道之世면 天이 盡欲扶持全安之ᄒᆞ나니 事在彊勉而已니다 彊勉學問則聞見博而知益明ᄒᆞ고 彊勉行道則德日起而大有功ᄒᆞ리이다

建元元年이라 冬十月에 詔ᄒᆞ야 賢良方正ᄒᆞ고 直言極諫의 士를 擧ᄒᆞᆯ시 上이 親히 策ᄒᆞ야 古今治道로ᄡᅥ 問ᄒᆞ니 廣州董仲舒ㅣ 對ᄒᆞ야 曰臣은 天과 人의 相與ᄒᆞᄂᆞᆫ 際를 觀ᄒᆞ니 심히 可히 畏ᄒᆞᆫ지라 스ᄉᆞ로 너무 道가 업지아니ᄒᆞᆫ 世이면 天이 다 扶持ᄒᆞ야 全安케ᄒᆞ고저ᄒᆞ시나니 事가 彊勉ᄒᆞᆷ에 在ᄒᆞᆯ다름이니다 彊勉ᄒᆞ야 學問ᄒᆞᆫ則 聞見이 博ᄒᆞ고 知가 더욱 明ᄒᆞ고 彊勉ᄒᆞ야 道를 行ᄒᆞᆫ則 德이 日로 起ᄒᆞ야 크게 功이 有ᄒᆞ리이다

適往也

道者ᄂᆞᆫ所由適於治之路也ㅣ니仁義禮樂이皆其具也ㅣ라故로聖王이已沒而子孫이長久ᄒᆞ야安寧數百歲ᄒᆞ니此ᄂᆞᆫ皆禮樂教化之功也ㅣ니이다

이다

道라ᄒᆞᄂᆞᆫ者ᄂᆞᆫ治ᄒᆞᄂᆞᆫ路에말미암아가ᄂᆞᆫ바ㅣ니仁義와禮樂이다그具ᄒᆞᆷ이라故로聖王이임의沒ᄒᆞᆷ의子孫이長久ᄒᆞ야數百歲를安寧ᄒᆞ니此ᄂᆞᆫ다禮樂教化의功이니

夫周道ㅣ衰於幽厲ᄂᆞᆫ非道亡也ㅣ라幽厲ㅣ不由也ㅣ니至於宣王ᄒᆞ야思昔先王之德ᄒᆞ야興滯補弊ᄒᆞ야明文武之功業ᄒᆞ니周道ㅣ粲然復興이라此ᄂᆞᆫ夙夜不懈ᄒᆞ야行善之所致也ㅣ니이다

되져周道ㅣ幽厲에衰ᄒᆞᆷ은道가亡ᄒᆞᆷ이아니라幽厲ㅣ繇치아니ᄒᆞᆷ이니宣王에至ᄒᆞ야昔先王의德을思ᄒᆞ야滯를興ᄒᆞ고敝를補ᄒᆞ야文武의功業을明ᄒᆞ니周道ㅣ粲然히다시興ᄒᆞᄂᆞᆫ지라此ᄂᆞᆫ夙夜에懈치아니ᄒᆞ야行善ᄒᆞᆫ所致니이다

爲人君子ㅣ正心ᄒᆞ야以正朝廷ᄒᆞ고正朝廷ᄒᆞ야以正百官ᄒᆞ고正百官ᄒᆞ야以正萬民ᄒᆞ고正萬民ᄒᆞ야以正四方이니四方이正이면遠近이莫敢不

殖生也

壹於正而亡有邪氣奸其間者ㅣᄒᆞ리니(奸音干犯也) 是以로 陰陽이 調而風雨時ᄒᆞ며 羣臣이 和而萬物이 殖ᄒᆞ야 諸福之物可致之祥이 莫不畢至而王道ㅣ 終矣리이다

人君된者ㅣ心을正ᄒᆞ야써朝廷을正ᄒᆞ고朝廷을正ᄒᆞ야써百官을正ᄒᆞ고百官을正ᄒᆞ야써萬民을正ᄒᆞ고萬民을正ᄒᆞ야써四方을正ᄒᆞᄂᆞ니四方이正ᄒᆞ면遠近이敢하正에壹치안ᄒᆞ리업고邪氣가그間에奸ᄒᆞᆯ者ㅣ잇지안ᄒᆞ리니이로써陰陽이調ᄒᆞ고風雨가時ᄒᆞ며羣生이和ᄒᆞ고萬物이殖ᄒᆞ야諸福의物可致ᄒᆞᆫ祥이畢至차안이ᄒᆞᆷ이업고王道ㅣ終ᄒᆞ리이다

今陛下ㅣ 貴爲天子ᄒᆞ시고 富有四海ᄒᆞ시며 居得致之位ᄒᆞ샤 操可致之勢하시고 又有能致之資ᄒᆞ시며 行高而恩厚ᄒᆞ시고 知明而意美ᄒᆞ시며 愛民而好士ᄒᆞ시니 可謂誼主矣로되 然而天地ㅣ 未應而美祥이 莫至者는 何也오 凡以教化ㅣ 不立而萬民이 不正也ㅣㄴ서니이다

今에陛下ㅣ貴ᄂᆞᆫ天子가되시고富ᄂᆞᆫ四海를有ᄒᆞ시며得致의位에居ᄒᆞ샤可致의勢를操ᄒᆞ시고또能致의資가有ᄒᆞ시며行이高ᄒᆞ고恩이厚ᄒᆞ시고知가明ᄒᆞ고意가美

며民을愛ᄒᆞ시고士를好ᄒᆞ시니可히誼主라謂ᄒᆞ겟스되그러나天地ㅣ應치아니ᄒᆞ고美祥이至치안는者는何인고무릇써敎化ㅣ立치못ᄒᆞ고萬民이正치못ᄒᆞᆷ이니이다

夫萬物之趨利也ㅣ如水之走下ᄒᆞ야不以敎化로隄防之면不能止也ㅣ니古之王者ㅣ明於此故로南面而治天下에莫不以敎化로爲大務ᄒᆞ야立大學ᄒᆞ야以敎於國ᄒᆞ고設庠序ᄒᆞ야以化於邑ᄒᆞ야漸民以仁ᄒᆞ며摩民以誼ᄒᆞ며節民以禮라故로其刑罰이輕而禁不犯者는敎化ㅣ行而習俗이美也ㅣ니이다

무릇萬民이利에趨ᄒᆞᆷ이水가下에走ᄒᆞᆷ과如ᄒᆞ야敎化로써隄防치안니ᄒᆞ면能히止치못ᄒᆞᄂᆞᆫ지라古의王者ㅣ此에明ᄒᆞᆫ故로南面ᄒᆞ고天下를治ᄒᆞᆷ이敎化로써大務를삼지안는이가업스니大學을立ᄒᆞ야써國에敎ᄒᆞ고庠序를設ᄒᆞ야써邑에化ᄒᆞ야民을仁으로써漸ᄒᆞ며民을誼로써摩ᄒᆞ며民을禮로써節ᄒᆞᄂᆞᆫ지라故로그刑罰이輕ᄒᆞ고禁에不犯ᄒᆞᄂᆞᆫ者는敎化ㅣ行ᄒᆞ고習俗이美ᄒᆞᆷ이니이다

聖王之繼亂世也에掃除其迹而悉去之ᄒᆞᄂᆞ니竊譬之컨ᄃᆡ琴瑟이

不調甚者는 必解而更張之야라 乃可皷也오 爲政而不行甚者는 必變而更化之야라 乃可理也니 故로 漢이 得天下以來로 常欲治而至今不可善治者는 失之於當更化而不更化也니다

聖王이亂世를繼ᄒᆞᆷ의그迹을掃除ᄒᆞ야다去ᄒᆞᄂᆞ니竊히譬컨ᄃᆡ琴瑟이調치안ᄒᆞᆷ이甚ᄒᆞᆫ者ᄂᆞᆫ반다시푸러다시張ᄒᆞ여야可히두드리며政을ᄒᆞ되行치못ᄒᆞᆷ이甚ᄒᆞᆫ者ᄂᆞᆫ반다시變ᄒᆞ야다시化ᄒᆞ여야이에可히理ᄒᆞᆯ지니고로漢이天下를得ᄒᆞ야써옴으로常히治코져호ᄃᆡ今에이르기에可히善治치못ᄒᆞᆫ者ᄂᆞᆫ맛당이更化ᄒᆞᆯᄃᆡ失ᄒᆞ고更化치못ᄒᆞᆷ이니다

古人이 有言曰臨淵羨魚는 不如退而結網이라ᄒᆞ니 今臨政願治는 不如退而更化니 更化則可善治오 善治則災害ㅣ 日去ᄒᆞ고 福祿이 日來ᄒᆞ리이다 養心吳氏曰此第一篇策也 帝凡三策仲舒通鑑只混載

古人이言이有ᄒᆞ야曰淵을臨ᄒᆞ야魚를羨ᄒᆞᆷ은退ᄒᆞ야網을結ᄒᆞᆷ만갓지못ᄒᆞ다ᄒᆞ니今에政을臨ᄒᆞ야治를願ᄒᆞᆷ은退ᄒᆞ야更化ᄒᆞᆷ만갓지못ᄒᆞᆫ지라更化ᄒᆞᆫ則可히善治ᄒᆞᆯ것이요善治ᄒᆞᆫ則災害가日로去ᄒᆞ고福祿이日로來ᄒᆞ리이라

臣은聞聖王之治天下也에爵祿以養其德ᄒᆞ고刑罰以威其惡이라故로民이曉於禮義而耻犯其上ᄒᆞᄂᆞ니武王이行大誼平殘賊ᄒᆞ시고周公이作禮樂以文之ᄒᆞ시니至於成康之隆ᄒᆞ야囹圄ㅣ空虛四十餘年ᄒᆞ니此教化之漸而仁義之流也ㅣ니이다

臣은드로니聖王이天下를治ᄒᆞᆷ의爵祿으로써그德을養ᄒᆞ고刑罰로써그惡을威ᄒᆞᄂᆞᆫ지라고로民이禮義에曉ᄒᆞ야그上을犯키耻ᄒᆞᄂᆞ니武王이大誼를行ᄒᆞ야殘賊을平ᄒᆞ시고周公이禮樂을作ᄒᆞ야써文ᄒᆞ시더니成康의隆에至ᄒᆞ야囹圄ㅣ四十餘年을空虛ᄒᆞ니이또ᄒᆞᆫ教化의漸이오仁義의流ㅣ나다

今陛下ㅣ幷有天下而功不加於百姓者ᄂᆞᆫ殆王心이未加焉이로소이다曾子ㅣ曰尊其所聞則高明矣오行其所知則光大矣라ᄒᆞ시니高明光大ㅣ不在乎他오在乎加之意而已니願陛下ᄂᆞᆫ設誠於內而致行之則三王이何異哉리잇고

今에陛下ㅣ天下를並有ᄒᆞᆷ의功이百姓에加치안ᄒᆞᆫ者ᄂᆞᆫ자못王心이加치아니ᄒᆞᆷ이로소이다曾子ㅣ曰그聞ᄒᆞᆫ바를尊ᄒᆞᆫ則高明ᄒᆞ고그知ᄒᆞᄂᆞᆫ바를行ᄒᆞᆫ則光大ᄒᆞ다ᄒᆞ

시니高明과光大ㅣ他에在치안코意를加ᄒᆞᆷ에在ᄒᆞᆯ다름이니원컨ᄃᆡ陛下ᄂᆞᆫ誠을內에設ᄒᆞ고行을致ᄒᆞᆫ則三王이무엇이異ᄒᆞ리잇고

夫不素養士而欲求賢이면 譬猶不琢玉而求文采也ㅣ라 養士之大者는 莫大虖太學者ㅣ니 太學者는 賢士之所關也ㅣ라 數考問ᄒᆞ야 以盡其材則英俊을 宜可得矣니 徧得天下之賢人則三王之盛을 易爲而堯舜之名을 可及也ㅣ리이다 (養心吳氏曰 此第二篇也)

무릇본ᄃᆡ士를養치아니ᄒᆞ고賢을求코져ᄒᆞᆷ이비컨ᄃᆡ玉을琢치아니ᄒᆞ고文采를求ᄒᆞᆷ과ᄀᆞᆺᄒᆞᆫ지라養士의大ᄒᆞᆫ者ᄂᆞᆫ太學만콤大ᄒᆞᆷ이無ᄒᆞ니太學이란者ᄂᆞᆫ賢者의關ᄒᆞᆫ바이라자조考問ᄒᆞ야써그材를盡ᄒᆞᆫ則英俊을맛당이가히得ᄒᆞ리니두루天下의賢人을得ᄒᆞᆫ則三王의盛을爲ᄒᆞ기易ᄒᆞ고堯舜의名을可히及ᄒᆞ리이다

(天不變道不變) 中庸天命之謂性率性之謂道 道出於性 性出于天

道者는 萬世亡弊하니 弊者는 道之失也라 夏上忠ᄒᆞ고 殷上敬ᄒᆞ고 周上文者는 所繼之捄ㅣ 當用此也라 道之大原이 出于天ᄒᆞ니 天不變이면 道亦不變ᄒᆞᄂᆞ니 是以로 禹繼舜ᄒᆞ시고 舜繼堯ᄒᆞ샤 三聖이 相授而守一道ᄒᆞ야 亡救弊之政이라 故로 不言其所損益也ㅣ니 繇是觀之컨댄

仲舒此言卽中庸之意也周文不可盡變故宜小損之夏忠則當極其用故致也

(六藝)禮樂射御書數也

繼治世者ᄂᆞᆫ 其道ㅣ同ᄒᆞ고 繼亂世者ᄂᆞᆫ 其道ㅣ變ᄒᆞᄂᆞ니 今漢이 繼大亂之後ᄒᆞ야 若宜少損周之文ᄒᆞ고 致用夏之忠者ㅣ니이다

道라ᄂᆞᆫ者ᄂᆞᆫ萬世에敝홈이업ᄂᆞ니敝ᄒᆞᄂᆞᆫ者ᄂᆞᆫ道의失홈이라夏ᄂᆞᆫ忠을上ᄒᆞ고殷은敬을上ᄒᆞ고周ᄂᆞᆫ文을上ᄒᆞᆫ者ᄂᆞᆫ繼ᄒᆞᆫ바捄ㅣ맛당이此를用홈이라道의大原이天에出ᄒᆞ니天이變치아니ᄒᆞ면道도ᄯᅩᄒᆞᆫ變치안나니이로써禹ㅣ舜을繼ᄒᆞ시고舜이堯를繼ᄒᆞ샤三聖이서로授ᄒᆞ야一道를守ᄒᆞ야捄를救ᄒᆞᄂᆞᆫ政이亡ᄒᆞᆫ지라고로그損ᄒᆞ고益ᄒᆞᆫ바를言치아니ᄒᆞ니이도繇ᄒᆞ야觀컨ᄃᆡ治世를繼ᄒᆞᄂᆞᆫ者ᄂᆞᆫ그道ㅣ同ᄒᆞ고亂世를繼ᄒᆞᄂᆞᆫ者ᄂᆞᆫ그道ㅣ變ᄒᆞᄂᆞ니이제漢이大亂의後를繼ᄒᆞ야져이周의文을損ᄒᆞ고夏의忠을用홀者를致홈이宜홀것갓ᄒᆞ니라

春秋大一統者ᄂᆞᆫ 天地之常經이오 古今之通誼也어ᄂᆞᆯ 今에 師異道ᄒᆞ고 人異論ᄒᆞ야 百家殊方ᄒᆞ야 指意不同ᄒᆞ니 是以로 上無以持一統이라 臣愚ᄂᆞᆫ 以爲諸不在六藝之科와 孔子之術者를 皆絶其道ᄒᆞ야 勿使並進然後에야 統紀ㅣ可一而法度ㅣ可明ᄒᆞ야 民知所從矣리이다

公羊傳隱公元年春王正月何言乎王春正月大一統也注統始也王者殆受命改制以統天下令萬物無不壹々先奉承之以爲始故言大壹統

春秋에大一統이란者는天地의常經이오古今의通誼어ᄂᆞᆯ今에師ㅣ道가異ᄒᆞ고人이論이異ᄒᆞ야百家ㅣ方이殊ᄒᆞ야指意ㅣ同치안ᄒᆞ니이로써上이써一統을持치못함이라臣愚ᄂᆞᆫ써ᄒᆞ되六藝의科와孔子의術에在치아니ᄒᆞᆫ者ᄅᆞᆯ다그道ᄅᆞᆯ絕ᄒᆞ야ᄒᆞ곰並並進치말게ᄒᆞᆫ然後에야統紀가可히一ᄒᆞ고法度ㅣ可히明ᄒᆞ야民이從ᄒᆞᆯ바ᄅᆞᆯ知ᄒᆞ리니다

(易王)易音亦名非武帝兄謚法好改更舊曰易

及爲江都相ᄒᆞ야事易王ᄒᆞ니王은帝兄이라素驕好勇이러니仲舒ㅣ以禮匡正ᄒᆞ니王이敬重焉이러라

밋江都相이되야易王을事ᄒᆞ니王은帝의兄이라본대驕ᄒᆞ고勇을好ᄒᆞ더니仲舒ㅣ禮로써匡正ᄒᆞ니王이敬ᄒᆞ고重히여기더라

(粤)越通 (種蠡)文種范蠡也

嘗問之曰粤王句踐이與大夫泄庸種蠡로伐吳滅之ᄒᆞ니라寡人이以爲越有三仁이라ᄒᆞ노니何如오仲舒ㅣ對曰夫仁人者ᄂᆞᆫ正其誼ᄒᆞ고不謀其利ᄒᆞ며明其道ᄒᆞ고不計其功ᄒᆞᄂᆞ니是以로仲尼之門에五尺之童이라도羞稱五伯은爲其先詐力而後仁義也ㅣ니繇此言之則粤未嘗有一仁也ㅣ니이다

일즉이問ᄒᆞ야曰粵王句踐이大夫泄庸과種蠡로더브러吳를伐ᄒᆞ야滅ᄒᆞ얏다ᄒᆞ니寡人이써ᄒᆞ되越에三仁이잇다ᄒᆞ노니엇더ᄒᆞ고仲舒ㅣ對ᄒᆞ야曰무릇仁人인者ᄂᆞᆫ그誼를正ᄒᆞ고그利를謀치아니ᄒᆞ며그道를明히ᄒᆞ고功을計치아니ᄒᆞᄂᆞ니이로써仲尼외門에五尺외童이라도五伯을稱ᄒᆞ기를羞ᄒᆞᆷ은그詐力을先히ᄒᆞ고仁義를後히ᄒᆞᆷ이니此로繇ᄒᆞ야言ᄒᆞᆫ則粵에일즉이一仁도有치아니ᄒᆞ니이다

上이**雅向儒術**하니**丞相竇嬰**과**太尉田蚡**이**俱好儒術**하야**推轂趙綰爲御史大夫**하고(推轂言薦擧人如車轂之推轉)**王臧**으로**爲郞中令**하다

上이儒術을雅向하니丞相竇嬰과太尉田蚡이한가지儒學을好하야趙綰을推轂하야御史大夫를삼고王臧으로郞中令을삼다

(新增)程子曰仁人者正其誼不謀其利明其道不計其功此董子所以卓越諸子也歟

又曰漢之諸儒唯董子有儒者氣像○(尹氏起莘)曰三代之興哲王世有然始終全德表裏在人者亦未易多得禹湯文武皆創業之君至其子孫不過啓少庚太甲盤庚武丁成康宣王此數君而已太甲初年顚覆典刑宣王未免詩人之刺三代千八百年賢君僅止若此況後世耶漢世開基再傳而有文景文帝固盛德之主至景帝已有慚德武帝繼之傑然有立觀其即位之始他務未遑首擧賢良方正親策於廷又得一代大儒爲之擧首於是罷出百家俾世之學者知尊孔氏此皆漢世之所未發明者方是時也如水未波

如鑑未塵使帝每事若此其盛德可少訾哉夫何數年之後遊宴奢慾宮室神仙聚斂征伐之事紛紛交興漢之不爲秦者幸爾觀其初年所書淸淨簡寡與後來擾擾多事相去遠甚然後知人主資稟之高者未必不有進銳退速之患而始終全德之君在三代而下益不易得也詩曰靡不有初鮮克有終觀此而謹終如始云

綰이 請立明堂ᄒᆞ야 以朝諸侯ᄒᆞ고 夏曰世室商曰重屋周曰明堂後世皆因之明堂者所以明諸侯之尊卑制禮作樂頒度量而天下服此古制也三輔黃圖云明堂者大道之堂所以順四時行月令宗祀元王祭五帝也 孝經援神契曰布致之宮在國之陽上圓下方八牕法八風四闥法四時九室法九州十二重法十二月三十六戶法三十六兩七十二牖法七十二候元封二年公玉帶上黃帝時明堂圖胡氏管見曰其制作之詳不可得而聞矣孝經以爲宗祀之所孟子以爲王政之堂然則是天子之外朝猶後世大朝會之正衙也 且薦其師申公ᄒᆞ니 天子ㅣ 使使束帛加璧ᄒᆞ고 束帛加璧尊德也謂下設束帛上加以璧鄭玄曰貢亭所執致命者君子於玉比德焉尙書玉帛圖璧五也肉倍於好其形困其中虛束帛者十端帛也言者制帛其丈長八其十束端或素或玄纁 其色不同韓詩外傳謂卷五匹遂見十禹也羅壁議遺曰大祀用幣皆一丈八尺爲度案一象陽八象陰寓陰陽不側也禮膾釆帛用 一丈爲端則寓偶數色尙玄纁玄 天色纁地色天地偶合也 安車駟馬로 一本作安車蒲輪王氏曰用蒲裹車輪取其安也索隱曰以蒲裹輪恐傷草木也忌蒲是草之差者故禮有蒲蓋或績畫之以爲榮飾 以迎申公ᄒᆞ야 旣至에 天子ㅣ 問治亂之事ᄒᆞ니 申公이 年八十餘라 對曰爲治者는 不在多言이오 顧力行何如耳니이다 顧念也力行謂勉力而行也 是時에 天子ㅣ 方好文詞러니 見申公對ᄒᆞ고 默然이나 然이나 已招致라 則以爲太中大夫ᄒᆞ야

(不言而躬行) 初景帝以石奮及奮子

舍魯邸ᄒᆞ고議明堂巡狩改歷服色事ᄒᆞ다 (出史紀武帝紀及申公傳)

綰이請ᄒᆞ야明堂을立ᄒᆞ야써諸侯를朝ᄒᆞ고또그師申公을薦ᄒᆞ니天子ㅣ使를부려帛을束ᄒᆞ고璧을加ᄒᆞ고安車와駟馬로써申公을迎ᄒᆞ야임의至ᄒᆞᆷ의天子ㅣ治亂의事를問ᄒᆞ니申公이年이八十餘라對ᄒᆞ야日治ᄒᆞᄂᆞᆫ者ᄂᆞᆫ多言에在치아니ᄒᆞ고顧컨ᄃᆡ力行何如ᄒᆞᆷ이니이다이ᄯᅢ에天子ㅣ바야흐로文詞를好ᄒᆞ더니申公의對ᄒᆞᆷ을見ᄒᆞ고默然이나然이나임의招致ᄒᆞᆫ지라곳써太中大夫를숨아魯邸에舍ᄒᆞ고明堂과巡狩와改歷과服色의事를議ᄒᆞ다

新增胡氏曰申公之言當矣第未知所謂力行者何事耳申公開端而未告武帝弗意而不問惜哉然明堂巡狩改歷服色豈力行之急務對旣不合又留不去其不逮穆公又可見矣

(壬寅)二年이라太皇竇太后ㅣ好黃老言ᄒᆞ고不悅儒術ᄒᆞ니趙綰王臧이以文學으로獲罪ᄒᆞ다

二年이라太皇竇太后ㅣ黃老言을好ᄒᆞ고儒術을悅치아니ᄒᆞ니趙綰과王臧이文學으로써罪를獲ᄒᆞ다

竇太后ㅣ以爲儒者ᄂᆞᆫ文多質少어ᄂᆞᆯ今萬石君家ㅣ不言而躬

四人皆二千石故號奮爲萬石不識文字恭謹無與比子孫爲小吏來故謁必朝服見之不言有過失不責讓爲便坐對案然後諸子相責肉袒謝罪改之乃許故太后貴其家行以奮之子建慶爲郎(眩)與衒通

行이라ᄒᆞ라 一門有五人二千石故號爲萬石君 乃以其長子建으로爲郞中令ᄒᆞ고 少子慶으로爲內史ᄒᆞ다

竇太后ㅣ써ᄒᆞ되儒란者ᄂᆞᆫ文이多ᄒᆞ고質이少ᄒᆞ거ᄂᆞᆯ今萬石君家ㅣ言치안코躬行ᄒᆞᆫ다ᄒᆞ야이에그長子建으로써郞中令을ᄉᆞᆷ고少子慶으로內史를ᄉᆞᆷ다

(癸卯)三年이라上이自初卽位로招選天下文學材智之士ᄒᆞ야待以不次之位ᄒᆞ니四方에上書言得失自眩鬻者ㅣ以千數러라

三年이라上이처음으로位에卽홈으로부터天下文學材智의士를招選ᄒᆞ야不次의位로써待ᄒᆞ니四方에셔書를上ᄒᆞ야得失을言ᄒᆞ고스ᄉᆞ로眩鬻ᄒᆞᄂᆞᆫ者ㅣ千으로써數ᄒᆞ겟더라

上이簡拔其俊異者ᄒᆞ야寵用之ᄒᆞ니莊助ㅣ最先進ᄒᆞ고 莊助漢書作嚴助避明帝諱 後에又得吳人朱買臣과 趙人吾丘壽王과 吾丘或作虞丘複姓也名壽王字子贛 蜀人司馬相如와平原東方朔과吳人枚皐와濟南終軍等ᄒᆞ야 並在左右ᄒᆞ야每令與大臣으로辨論ᄒᆞ야 中外ㅣ相應以義理之文ᄒᆞ니大臣이數屈

(俳優)俳雜戲也伎樂曰倡諧戲曰優所謂伎樂作舞之家也

爲이러라 然이나 相如는 特以辭賦로 得幸ᄒ고 朔皐는 不根持論ᄒ고 不根猶不經也枚皐傳作
不通經術 好詼諧ᄒ니 詼譏戲也諧和韻之言 上이 以俳優畜之ᄒ야 俳戲也優倡也齊秦宮中之樂俳優侏儒戲於前孔子曰匹夫熒惑諸侯罪應誅
雖數賞賜나 終不任以事也ᄒ고 朔ㅣ 亦觀上顔色ᄒ야 時時直諫ᄒ니
有所補益이러라

上이그俊異ᄒ者를簡拔ᄒ야寵用ᄒ니莊助ㅣ가장먼져進ᄒ고後에또吳人朱買臣과趙人吾丘壽王과蜀人司馬相如와平原東方朔과吳人枚皐와濟南終軍等을得ᄒ야並히左右에두어미양ᄒ야곰大臣으로더브러辨論ᄒ야中과外ㅣ義理의文으로써서로應ᄒ니大臣이자조屈ᄒ더라그러나相如는特히辭賦로써幸을得ᄒ고朔皐는持論을根치아니ᄒ고詼諧를好ᄒ니上이俳優로써畜ᄒ야비록자조賞賜ᄒ나맛ᄎᆞᆷ내事로써任치아니ᄒ고朔이또上의顔色을觀ᄒ야時々로直諫ᄒ니補益ᄒ바이有ᄒ더라

(丙午)六年이라 武安侯田蚡이 爲丞相ᄒ다 蚡이 驕侈ᄒ야 治宅이 甲諸第ᄒ야 田園이 極膏腴ᄒ고 市買郡縣物ᄒ야 相屬於道ᄒ고 多受四方賂遺ᄒ니 其家金玉婦女狗馬聲樂玩好ㅣ 不可勝數러라

六年이라武安侯田蚡이丞相이되다蚡이驕侈ᄒ야治宅이諸第에甲ᄒ야田園이極

(移日)日影移也

(除吏)除者除去官故就新官也

(武庫)以藏兵器也

히膏腴ᄒᆞ고市에郡縣物을買ᄒᆞ야셔로道에屬ᄒᆞ고四方에賂遺를多受ᄒᆞ니그家에
金玉과婦女와狗馬와聲樂과玩好ㅣ可히이긔여數ᄒᆞᆯ슈업더라

每入奏事에坐語移日ᄒᆞ고所言皆聽ᄒᆞ니薦人에幾起家至二千石ᄒᆞ니權移主上이라上이乃曰君이除吏盡未아吾亦欲除吏ᄒᆞ노라

미양入ᄒᆞ야事를奏ᄒᆞᆷ에坐ᄒᆞ야語ᄒᆞ야日을移ᄒᆞ고言ᄒᆞ는바를다聽ᄒᆞ니人을薦ᄒᆞᆷ
에거의家에起ᄒᆞ야二千石에至ᄒᆞ니權이主上을移ᄒᆞᆫ지라上이이에曰君이吏除ᄒᆞ
기를다ᄒᆞ얏느냐아니냐吾도ᄯᅩ吏를除코져ᄒᆞ노라

嘗請考工地益宅이어늘 (考工少府官屬也百官表少府有考工室工作器械之所) **上이怒曰君은何不遂取武庫오ᄒᆞ니是後에乃稍退ᄒᆞ다** (出史田蚡本傳)

일즉이考工의地에宅을益ᄒᆞ기請ᄒᆞ거늘上이怒ᄒᆞ야曰君은엇지ᄒᆞ야드듸여武庫
를取치아니ᄒᆞ는고이後에이에점점退ᄒᆞ다

陳季雅曰政權不可一日不在朝廷不在朝廷則在臺閣不在臺閣則在宮閣在朝廷則
治在臺閣則亂在宮闈則亡國家之興亡治亂皆本諸此田蚡招徠賓客薦進人才起家
至二千石在當時固不充專權之失使武帝以蚡所用所用多非其人則選擇一相委任
責成亦奚不可乃何帝不能堪欲攬威福之權歸之一已然聰明有所不逮則耳目必有
所寄故置加官及尙書之屬自此已後薦引人物盡在左右侍從之人衞青幸則薦主父

偃嚴助幸則薦朱買臣楊得意幸則薦司馬相如與其假借左右孰若與宰相同之也大抵天下之事制之在始政權最不可下移一移之後所失當愈下是故元成以後政歸閹豎而宰相之權愈輕未必不自武帝始也

(主爵都尉掌列侯後更名右扶風) (比)近也言屋相近故連延而燒也 (矯)托也托天子詔制漢律矯制之罪論責棄市

東海太守汲黯이爲主爵都尉ᄒᆞ다(東海古徐州分今海州是也太守掌治其郡) 始黯이爲謁者ᄒᆞ야以嚴見憚이러니河內失火ᄒᆞ야延燒千餘家어ᄂᆞᆯ上이使黯往視之ᄒᆞᆫ듸還報曰家人이失火ᄒᆞ야屋比延燒ᄂᆞᆫ不足憂也(比頻寐反)어니와臣이過河南ᄒᆞ니貧人이傷水旱ᄒᆞ야萬餘家ㅣ或父子相食이라臣이謹以便宜로持節ᄒᆞ고發倉粟ᄒᆞ야以振貧民ᄒᆞ노니請歸節ᄒᆞ고伏矯制之罪ᄒᆞ노이다上이賢而釋之ᄒᆞ다

東海太守汲黯이主爵都尉가되다비로소黯이謁者가되여嚴으로써憚을見ᄒᆞ더니河內ㅣ火를失ᄒᆞ야千餘家를延燒ᄒᆞ거늘上이黯으로ᄒᆞ여곰往ᄒᆞ야視ᄒᆞᆫ듸還報에曰家人이火를失ᄒᆞ야屋이서로延燒ᄒᆞᆷ은足히憂ᄒᆞᆯ것이아니어니와臣이河南을過ᄒᆞ니貧人이水旱에傷ᄒᆞ야萬餘家ㅣ혹父子ㅣ서로食ᄒᆞᄂᆞᆫ지라臣이ᄉᆞᆷ가便宜로써節을持ᄒᆞ고倉粟을發ᄒᆞ야써貧民을振ᄒᆞ노니請컨듸節을歸ᄒᆞ고制를矯ᄒᆞᆫ罪에伏ᄒᆞ노이다上이賢히ᄒᆞ야釋ᄒᆞ다

其在東海에治官理民을好清靜ᄒᆞ야 清淨者老氏無爲之學也 其治ㅣ務在無爲ᄒᆞ고引大體ᄒᆞ야不拘文法이러라

그東海에在ᄒᆞᆷ의官을治ᄒᆞ고民을理ᄒᆞᆷ을清靜을好ᄒᆞ야그治ㅣ힘써無爲에在ᄒᆞ고大體를引ᄒᆞ야文法을拘치안터라

黯의爲人이性倨少禮ᄒᆞ고面折不能容人之過러니時에天子ㅣ方招文學儒者ᄒᆞ샤上曰吾欲云云이라ᄒᆞ노 云云者猶言如此如此史略其辭耳張晏曰所言欲施仁義也

黯의人됨이性이倨ᄒᆞ고禮가少ᄒᆞ고面으로折ᄒᆞ야能히人의過를容치아니ᄒᆞ더니때에天子ㅣ바야흐로文學儒者를招ᄒᆞ시上이曰吾도云云코져ᄒᆞ노라

黯이對曰陛下ㅣ內多欲而外施仁義ᄒᆞ시니奈何로欲效唐虞之治乎잇가上이默然怒變色而罷朝ᄒᆞ니公卿이皆爲黯懼러니上이退謂左右曰甚矣라汲黯之戇也여

黯이對曰陛下ㅣ內로欲이多ᄒᆞ고外로仁義를施ᄒᆞ시니엇지唐虞의治를效코져ᄒᆞ나잇가上이默然ᄒᆞ고怒ᄒᆞ야色을變ᄒᆞ고朝를罷ᄒᆞ니公卿이다黯을爲ᄒᆞ야懼ᄒᆞ더니上이退ᄒᆞ야左右다려謂ᄒᆞ야曰심ᄒᆞ다汲黯의戇ᄒᆞᆷ이여

(戇)愚也

(數責也

(寧令)寧願辭也言寧可如此也

羣臣이或數黯ᄒᆞᆫᄃᆡ黯이曰天子ㅣ置公卿輔弼之臣ᄒᆞ시니寧令從諛承意ᄒᆞ야陷主於不義乎아且已在其位ᄒᆞ니縱愛身이나奈辱朝廷에何오

羣臣이혹黯을數ᄒᆞᆫᄃᆡ黯이曰天子ㅣ公卿輔弼의臣을置ᄒᆞ시니엇지하여곰人를從ᄒᆞ고意를承ᄒᆞ야主를不義에陷ᄒᆞ랴또己가그位에在ᄒᆞ니비록身을愛ᄒᆞ나이朝廷을辱홈에엇지ᄒᆞᆯ고

黯이多病이라莊助ㅣ爲請告ᄒᆞᆫᄃᆡ 孟康曰古者名吏休暇曰告師古曰告者請謁之言謂請休耳漢諸書云謝病皆同義初學記漢律吏二千石有予告賜告予告者在官有切最法所當度者也賜告病滿三月當免天子優賜其告使得印綬將官屬歸家理疾成帝時二千石賜告不得歸家和帝時予賜皆絕 上曰汲黯은何如人哉오助ㅣ曰使黯으로任職居官이면無以踰人이어니와也 踰勝 然이나至其輔少主ᄒᆞ야守成深堅ᄒᆞ야는 深堅謂志操深遠堅固不可奪也 招之不來오麾之不去리니雖自謂賁育이라도 孟賁夏育古之勇士皆衛人賁能生枝牛角育力擧千鈞 亦不能奪之矣리이다上曰然ᄒᆞ다古有社稷之臣이러니至如黯ᄒᆞ야近之矣로다 出黯本傳

黯이病이多ᄒᆞᆫ지라莊助ㅣ爲ᄒᆞ야告를請ᄒᆞᆫᄃᆡ上이曰汲黯은엇더ᄒᆞᆫ人인고助ㅣ曰黯으로하여곰職을任ᄒᆞ야官에居ᄒᆞ면써人에踰ᄒᆞᆯ것이無ᄒᆞ거니와그러나少主를

(廉)清廉也

輔홈에至ᄒᆞ야는守成홈을深堅케ᄒᆞ야招ᄒᆞ야도來치안코麾ᄒᆞ야도去치아느리니비록스ᄉᆞ로賁育이라謂홀지라도ᄯᅩᄒᆞᆫ能히奪치못ᄒᆞ리이다上이曰然ᄒᆞ다古에社稷의臣이有ᄒᆞ더니黯갓흔데至ᄒᆞ야近ᄒᆞ도다

(丁未)元光元年이라冬十一月初에令郡國으로擧孝廉各一人ᄒᆞ니從董仲舒之言也러라 出本紀

元光元年이라冬十一月初에郡國으로하여곰孝廉을각각一人식擧ᄒᆞ니董仲舒의言을從홈이러라

(戊申)二年이라李少君이以祠竈却老方으로見上이어늘 祠竈可以致福按禮竈者老婦之祭盛於盆尊於瓶說文周禮以竈祀祝融淮南子曰炎帝作火官死爲今之竈神正義曰夏祀竈從熱類也祀竈之禮先廟於門之奧東西設主於竈陘 上이尊之러니少君이言祠竈則致物이오 物藥物也 而丹砂를可化爲黃金이니壽可益이오 丹砂玉石部藥名也抱朴子云夫作金皆任神仙集漢淮南王抄出以作鴻寶枕中維有其文然皆秘其要其所用藥物復多改其本名不可按之便用也 蓬萊仙者를可見이니見之ᄒᆞ고以封禪則不死ㅣ리이다

二年이라李少君이祠竈却老方으로써上을見ᄒᆞ거늘上이尊ᄒᆞ더니少君이言ᄒᆞ되祠竈인則物을致ᄒᆞ고丹砂를可히化ᄒᆞ야黃金을홀지니壽가可히益홀것이오蓬萊仙者를可히見홀지니見ᄒᆞ고써禪을封홀則死치아니ᄒᆞ리이다

(毫聶壹)毫貨財武功推於鄉曲也

(大行)掌諸侯歸義蠻夷故因之也

於是에天子ㅣ始親祠竈ᄒᆞ고遣方士入海ᄒᆞ야求蓬萊安期生之屬ᄒᆞ니 列仙傳云安期生琅琊阜鄉亭人賣藥東海邊時人皆言千歲公始皇與語三夜出於阜鄉亭皆置去留書以赤玉舄一重爲報曰後十歲求我於蓬萊山下後求之於蓬萊山輒風波而還遂立祠於阜鄉之阜鄉亭 海上燕齊迂怪之士ㅣ多更來言神仙矣러라

이에天子ㅣ비로소親히竈에祠ᄒᆞ고方士를遣ᄒᆞ야海예入ᄒᆞ야蓬萊安期生의屬을求ᄒᆞ니海上燕齊의迂怪의士ㅣ다시와셔神仙을言ᄒᆞᄂᆞᆫ者ㅣ多ᄒᆞ더라

鴈門馬邑 搜神記云昔秦人築城於武州塞城將成而崩者數矣忽有馬馳走周旋反覆父老異之因依而築焉城乃不崩故名馬邑括地志在雁門郡今朔州城是也 毫聶壹이 毫師也史記作聶翁一師古曰一名也老故稱翁義或然也 因大行王恢ᄒᆞ야言凶奴ㅣ初和親ᄒᆞ야親信邊ᄒᆞ니可誘以利致之ㅣ니伏兵襲擊이면必破之道ㅣ니이다上이召問公卿ᄒᆞᆫ대韓安國이曰臣은聞高帝ㅣ嘗圍於平城ᄒᆞ야七日不食이러시니及解圍ᄒᆞᆫ안及位而無忿怒之心ᄒᆞ시니夫聖人은以天下로爲度者也라不以己私怒로傷天下之功 宋祁曰別本功或作父 故로遣劉敬ᄒᆞ야結和親ᄒᆞ야至今爲五世利ᄒᆞ니臣은竊以爲勿擊이便어라ᄒᆞ노이다

鴈門馬邑毫聶壹이大行王恢를因ᄒᆞ야言호ᄃᆡ匈奴ㅣ처음으로和親ᄒᆞ야邊을親信

ᄒᆞ니可히誘ᄒᆞ야利로써致ᄒᆞᆯ지니兵을伏ᄒᆞ야襲擊ᄒᆞ면반다시破ᄒᆞᆯ道니이다上이公卿에게問ᄒᆞᆫ대韓安國이日臣은드르니高帝ㅣ일즉이平城에圍ᄒᆞ야七日을食지못ᄒᆞ더시니圍를解ᄒᆞᆷ에及ᄒᆞ야ᄂᆞᆫ位에及ᄒᆞ야忿怒의心이無ᄒᆞ시니무릇聖人은天下로써度ᄒᆞᄂᆞᆫ者ㅣ라己의私怒로써天下의功을傷치안는고로劉敬을遣ᄒᆞ야和親을結ᄒᆞ야今에至ᄒᆞ기五世의利가되니臣은그욱이써ᄒᆞ되擊치말미便ᄒᆞ다ᄒᆞ노이다

恢ㅣ曰不然ᄒᆞ다高帝ㅣ身被堅執銳ᄒᆞ야行幾十年ᄒᆞ시니所以不報平城之怨者ᄂᆞᆫ非力不能이라所以休天下之心也ㅣ니今에邊境이數驚ᄒᆞ고士卒이傷死ᄒᆞ니此ᄂᆞᆫ仁人之所隱也라(隱猶痛也)故로曰擊之便이라ᄒᆞ노이다

恢ㅣ日然치안타高帝ㅣ身으로堅을被ᄒᆞ고銳를執ᄒᆞ야行ᄒᆞᆫ지幾十年에써平城의怒를報치못ᄒᆞᆫ者ᄂᆞᆫ力이能치못ᄒᆞᆷ이아니라써天下의心을休ᄒᆞ신바이니今에邊境이자조驚ᄒᆞ고士卒이傷ᄒᆞ고死ᄒᆞ니이ᄂᆞᆫ仁人의隱히ᄒᆞᄂᆞᆫ바이라고로日擊ᄒᆞᆷ이便ᄒᆞ다ᄒᆞ노이다

上이從恢議ᄒᆞ야使韓安國李廣公孫賀王恢李息으로將車騎材官三十餘萬ᄒᆞ야匿馬邑旁谷中ᄒᆞ고陰使聶壹로爲間ᄒᆞ야(間諜也)亡入

匈奴ᄒᆞ야謂單于曰吾能斬馬邑令丞ᄒᆞ고以城降ᄒᆞ리니財物을可盡得ᄒᆞ리다單于ㅣ以爲然而許之어ᄂᆞᆯ

上이恢의議를從ᄒᆞ야韓安國과李廣과公孫賀와王恢와李息으로ᄒᆞ야곰車騎材官三十餘萬을將ᄒᆞ야馬邑旁谷中에匿ᄒᆞ고가마니聶壹로ᄒᆞ야곰間을ᄒᆞ야亡ᄒᆞ야匈奴에게入ᄒᆞ야單于다려謂ᄒᆞ야曰吾ㅣ能히馬邑令丞을斬ᄒᆞ고城으로써降ᄒᆞ리니財物을可히다得ᄒᆞ리라單于ㅣ써然타ᄒᆞ야許ᄒᆞ거ᄂᆞᆯ

聶壹이乃詐斬死罪囚ᄒᆞ야縣其首馬邑城下ᄒᆞ야示單于使者ᄒᆞ야爲信ᄒᆞᆫ대於是에單于ㅣ穿塞將十萬騎ᄒᆞ고入武州塞ᄒᆞ야 武州塞屬鳥門崔浩曰在平城縣西百里 得鴈門尉史ᄒᆞ야欲殺之어ᄂᆞᆯ尉史ㅣ乃告單于漢兵所居ᄒᆞ니單于ㅣ大驚ᄒᆞ야引兵還이라漢兵이追至塞ᄒᆞ야度不及ᄒᆞ고乃皆罷兵ᄒᆞ니上이怒ᄒᆞ야下恢廷尉ᄒᆞᆫ대自殺ᄒᆞ다

聶壹이이에詐히死罪囚를斬ᄒᆞ야그頭를馬邑城下에縣ᄒᆞ고單于의使者에게示ᄒᆞ야信을ᄒᆞᆫ대이에單于ㅣ塞를穿ᄒᆞ야十萬騎를將ᄒᆞ고武州塞에入ᄒᆞ야鴈門尉史를得ᄒᆞ야殺코져ᄒᆞ거ᄂᆞᆯ尉史ㅣ이에單于에게漢兵의居ᄒᆞᆫ바를告ᄒᆞ니單于ㅣ크게驚ᄒᆞ야兵을引ᄒᆞ고還ᄒᆞᄂᆞᆫ지라漢兵이ᄯᅩᄎᆞ塞에至ᄒᆞ야及치못ᄒᆞᆯ쥴度ᄒᆞ고이에다兵을罷ᄒᆞ니上이怒ᄒᆞ야恢를廷尉에下ᄒᆞᆫ대스ᄉᆞ로殺ᄒᆞ다

(東甌)閩中地
(兩越)閩越南越也
(罷)疲也
(穢貊)在朝鮮地

自是로匈奴ㅣ絶和親ᄒᆞ니然이나尙貪樂關市ᄒᆞ야嗜漢財物이라漢이亦關市不絶ᄒᆞ야以中其意ᄒᆞ다 出漢書匈奴傳及韓安國傳

이로브터匈奴ㅣ和親을絶ᄒᆞ나然이나오히려關市을貪樂ᄒᆞ야漢의財物을嗜ᄒᆞ는지라漢이또關市를絶치아니ᄒᆞ야써그意를中ᄒᆞ다

食貨志에云帝ㅣ承文景之蓄ᄒᆞ고憤胡粵之害ᄒᆞ야即位數年에用嚴助朱買臣等ᄒᆞ야招東甌ᄒᆞ며事兩越ᄒᆞ니江淮之間이蕭然煩費ᄒᆞ고唐蒙司馬相如ㅣ開西南夷ᄒᆞ야鑿山通道千餘里ᄒᆞ야以廣巴蜀ᄒᆞ니巴蜀之民이罷焉ᄒᆞ고彭吳ㅣ穿穢貊朝鮮ᄒᆞ야置滄海郡ᄒᆞ니燕齊之間이靡然騷動이러니

食貨志에이르되帝ㅣ文景의蓄을承ᄒᆞ고胡粵의害를憤ᄒᆞ야位에即ᄒᆞᆫ지數年에嚴助와朱買臣等을用ᄒᆞ야東甌를招ᄒᆞ고兩越을事ᄒᆞ니江淮의間이蕭然이煩費ᄒᆞ고唐蒙과司馬相如ㅣ西南夷를開ᄒᆞ야山을鑿ᄒᆞ고道를通ᄒᆞ기千餘里를ᄒᆞ야써巴蜀을廣ᄒᆞ니巴蜀의民이罷ᄒᆞ고彭吳ㅣ穢貊朝鮮을穿ᄒᆞ야滄海郡을置ᄒᆞ니燕과齊의間이靡然히騷動ᄒᆞ더니

(傳)上下互相伺察也

及王恢ㅣ謀馬邑에凶奴ㅣ絕和親ᄒᆞ고侵擾北邊ᄒᆞ니兵連而不解라天下ㅣ共其勞ᄒᆞ고干戈ㅣ日滋ᄒᆞ야行者ㅣ齎ᄒᆞ고居者ㅣ送ᄒᆞ고中外ㅣ騷然ᄒᆞ야百姓이刓敝ᄒᆞ고財力이衰耗라法嚴令具ᄒᆞ야興利之臣이自此而始ᄒᆞ니라

밋王恢ㅣ馬邑을謀홈의匈奴ㅣ和親을絕ᄒᆞ고北邊을侵擾ᄒᆞ니兵이連ᄒᆞ야解치안는지라天下ㅣ그勞를共히ᄒᆞ고干戈ㅣ日로滋ᄒᆞ야行者ㅣ齎ᄒᆞ고居者ㅣ送ᄒᆞ고中外가騷然ᄒᆞ야百姓이刓敝ᄒᆞ고財力이衰耗ᄒᆞᆫ지라法이嚴ᄒᆞ고令이具ᄒᆞ야興利의臣이此로自ᄒᆞ야始ᄒᆞ니라

(己酉)三年이라上이以張湯으로爲太中大夫ᄒᆞ야與趙禹로共定諸律令ᄒᆞ니務在深文이라拘守職之吏ᄒᆞ고(張湯傳註謂拘刻於因循守職無所改作之)作見知法ᄒᆞ야(吏見知人犯法不擧告是爲故縱則以其罪罪之)吏ㅣ傳相監司ᄒᆞ니用法益刻이自此始라(出趙禹張湯傳)

三年이라上이張湯으로써太中大夫를삼아셔趙禹로더부러한가지모든律令을定ᄒᆞ니務가深文에在ᄒᆞᆫ지라守職의吏을拘ᄒᆞ고見知法을作ᄒᆞ야吏가傳ᄒᆞ야서로監司ᄒᆞ니法用홈을더욱刻히홈이此로브터始ᄒᆞ더라

是歲에徵吏民에有明當世之務ᄒᆞ며習先聖之術者ᄒᆞ야縣次續食ᄒᆞ야令與計偕ᄒᆞ다令平聲計
所徵吏民詣京師者令各縣依次第接續供給飮食也按續食當音祥吏反禮夏官懷方氏掌來遠方之民治其官舍飮食註云續食其往來也續食音嗣者上計簿使也郡國每歲遣詣京師上之偕俱也令所徵者與上計使者偕來也

이해에吏民이當世의務에明ᄒᆞ며先聖의術을習홈이有ᄒᆞᆫ者를徵ᄒᆞ야縣에次로食을續ᄒᆞ야ᄒᆞ야곰더부러計를偕ᄒᆞ게ᄒᆞ다

菑川人公孫弘이對策曰臣은聞上古堯舜之時에不貴爵賞而民勸善ᄒᆞ며不重刑罰而民不犯은躬率以正而遇民信也니라末世에貴爵厚賞而民不勸ᄒᆞ며深刑重罰而姦不止는其上이不正ᄒᆞ야遇民不信也니夫厚賞重罰이未足以勸善而禁非라必信而已矣니이다

菑川人公孫弘이策을對ᄒᆞ야曰臣은드르니上古堯舜의時에爵賞을貴치아니ᄒᆞᄃᆡ民이善을勸ᄒᆞ며刑罰을重히아니ᄒᆞᄃᆡ民이犯치아니홈은몸소正으로써率ᄒᆞ고民을遇ᄒᆞ기信케홈이러니末世에爵을貴히ᄒᆞ고賞을厚히ᄒᆞ되民이勸치아니ᄒᆞ며刑을深히ᄒᆞ고罰을重히호ᄃᆡ姦이止치아니홈은그上이正치못ᄒᆞ야民을遇ᄒᆞ기不信

케ᄒᆞᆷ이니무릇厚賞과重罰이足히써善을勸ᄒᆞ고非를禁ᄒᆞᆯ슈업ᄂᆞᆫ지라반다시信ᄒᆞᆯ
다름이니이다이

是故로因能任官則分職이治ᄒᆞ고(任而今反分扶問反記王制任官然后爵之)去無用之言則事情이得ᄒᆞ고不作無用之器則賦斂이省ᄒᆞ고不奪民時ᄒᆞ며不妨民力則百姓이富ᄒᆞ고有德者ㅣ進ᄒᆞ며無德者ㅣ退則朝廷이尊ᄒᆞ고有功者ㅣ上ᄒᆞ고無功者ㅣ下則羣臣이逡ᄒᆞ고(有次第也)罰當罪則姦邪止ᄒᆞ며賞當賢則臣下ㅣ勸ᄒᆞ리니凡此八者ᄂᆞᆫ治之本也라故로民者ᄂᆞᆫ業之則不爭ᄒᆞ고理得則不怨ᄒᆞ고有禮則不暴ᄒᆞ고愛之則親上ᄒᆞᄂᆞ니此ㅣ有天下之急者也ㅣ니이다

이런고로能을因ᄒᆞ야官을任ᄒᆞᆫ則分職이治ᄒᆞ고無用의言을去ᄒᆞᆫ則事情이得ᄒᆞ고無用의器를作치아니ᄒᆞᆫ則賦斂이省ᄒᆞ고民의時를奪치아니ᄒᆞ며民의力을妨치아니ᄒᆞᆫ則百姓이富ᄒᆞ고有德者ㅣ進ᄒᆞ며無德者ㅣ退ᄒᆞᆫ則朝廷이尊ᄒᆞ고功이有ᄒᆞᆫ者ㅣ上ᄒᆞ고功이無ᄒᆞᆫ者ㅣ下ᄒᆞᆫ則群臣이逡ᄒᆞ고罰을맛당이罪에ᄒᆞᆫ則姦邪ㅣ止ᄒᆞ며賞을맛당이賢에ᄒᆞᆫ則臣下ㅣ勸ᄒᆞ리니무릇이八者ᄂᆞᆫ治의本이라故로民인者ᄂᆞᆫ業

케ᄒᆞᆫ則爭치안코理를得ᄒᆞᆫ則怨치안코禮가有ᄒᆞᆫ則暴치안코愛ᄒᆞᆫ則上을親ᄒᆞᄂᆞ니
이것이天下의急ᄒᆞᆷ이有ᄒᆞᆫ者ㅣ니이다

禮義者ᄂᆞᆫ民之所服也ㅣ라而賞罰이順之則民不犯禁矣니故로畫衣冠異章服而民不禁者ᄂᆞᆫ此道ㅣ素行也ㅣ니이다

禮義란者ᄂᆞᆫ民의服ᄒᆞᄂᆞᆫ바ㅣ라賞罰이順ᄒᆞᆫ則民이禁을犯치아니ᄒᆞᄂᆞ니故로衣冠을畫ᄒᆞ고章服을異ᄒᆞ되民이犯치아니ᄒᆞᄂᆞᆫ者ᄂᆞᆫ이道ㅣ본대行ᄒᆞᆷ이니이다

臣은聞之ᄒᆞ니氣同則從ᄒᆞ고聲比則應이라ᄒᆞ니今之主ㅣ和德於上ᄒᆞ시면百姓이和合於下ᄒᆞ리니故로心和則氣和ᄒᆞ고氣和則形和ᄒᆞ고形和則聲和ᄒᆞ고聲和則天地之和ㅣ應矣라故로陰陽이和ᄒᆞ고風雨時ᄒᆞ고甘露ㅣ降ᄒᆞ고五穀이登ᄒᆞ고六畜이蕃ᄒᆞ고嘉禾ㅣ興ᄒᆞ고朱草ㅣ生ᄒᆞ고山不童ᄒᆞ고澤不涸ᄒᆞᄂᆞ니(水竭曰涸)此ᄂᆞᆫ和之至也ㅣ니이다

(朱草)德至則生日生一葉至十五日後日落一葉周而復始
(童)無草木也

臣은드르니氣가同ᄒᆞᆫ則役ᄒᆞ고聲이比ᄒᆞᆫ則應ᄒᆞᆫ다ᄒᆞ니今에人主ㅣ上에和德ᄒᆞ시면百姓이下에和合ᄒᆞ리니故로心이和ᄒᆞᆫ則氣가和ᄒᆞ고氣가和ᄒᆞᆫ則形이和ᄒᆞ고形이和ᄒᆞᆫ則聲이和ᄒᆞ고聲이和ᄒᆞᆫ則天地의和ㅣ應ᄒᆞᄂᆞᆫ지라고로陰陽이和ᄒᆞ고風雨

ㅣ時ᄒᆞ고甘露ㅣ降ᄒᆞ고五穀이登ᄒᆞ고六畜이蕃ᄒᆞ고嘉禾ㅣ興ᄒᆞ고朱草ㅣ生ᄒᆞ고山이童치안코澤이涸치안ᄂᆞ니이ᄂᆞᆫ和의至ㅣ니이다

臣은聞之호니堯遭洪水ᄒᆞ야使禹治之오 未聞禹之有水也ㅣ며若湯之旱則桀之餘烈也라 桀紂ᄂᆞᆫ行惡ᄒᆞ야受天之罰ᄒᆞ고 禹湯은 積德ᄒᆞ야以王天下ᄒᆞ시니 由此觀之컨ᄃᆡ天德이 無私親ᄒᆞ야 順之면 和起ᄒᆞ고 逆之면 害生ᄒᆞᄂᆞ니 此ᄂᆞᆫ 天文地理人事之紀也ㅣ니이다

臣은드르니堯ㅣ洪水를遭ᄒᆞ야禹로ᄒᆞ야곰治홈이오禹가水ㅣ有다홈은聞치못ᄒᆞ얏스며湯의旱과갓흔則桀의餘烈이라桀과紂ᄂᆞᆫ惡을行ᄒᆞ야天의罰을受ᄒᆞ고禹와湯은德을積ᄒᆞ야써天下에王ᄒᆞ시니此로由ᄒᆞ야觀컨ᄃᆡ天德이私親이無ᄒᆞ야順ᄒᆞ면和가起ᄒᆞ고逆ᄒᆞ면害가生ᄒᆞᄂᆞ니이ᄂᆞᆫ天文地理人事의紀ㅣ니이다

時에對者ㅣ百餘人이라太常이奏弘第居下ㅣ러니策奏에天子ㅣ擢弘對爲第一ᄒᆞ야 拜爲博士ᄒᆞ고 待詔金馬門ᄒᆞ다 時以才技徵召之人未有正官故稱待詔東方朔所謂避世金馬門是也金馬門者官署門也時有善相馬者東門京鑄司馬法獻之詔立馬於魯般門故更名金馬門

ᄯᅢ에對者ㅣ百餘人이라太常이弘의第를奏ᄒᆞ야下에居ᄒᆞ얏더니策을奏홈의天子

ㅣ弘의對ᄒᆞᆷ을써여서第一을삼아서 拜ᄒᆞ야博 士를숨 고詔를金馬門에서待케ᄒᆞ다

齊人轅固ㅣ年이九十餘라亦以賢良으로徵이러니 公孫弘이反目而事固어늘固ㅣ曰公孫子는務正學以言ᄒᆞ고 無曲學以阿世ㅣ라ᄒᆞ니 諸儒ㅣ多疾毁固者ㅣ어늘固ㅣ遂以老로罷歸ᄒᆞ다 出儒林傳

齊人轅固ㅣ年이九十餘라또ᄒᆞᆫ賢良으로써徵ᄒᆞ얏더니公孫弘이目을反ᄒᆞ고固를事ᄒᆞ거늘固ㅣ曰公孫子는正學으로써言ᄒᆞᆷ을務ᄒᆞ고曲學으로써阿世ᄒᆞᆷ이無ᄒᆞ라ᄒᆞ나諸儒ㅣ固를毁ᄒᆞ고疾ᄒᆞ는者ㅣ多ᄒᆞᆫ지라固ㅣ드듸여老로써罷ᄒᆞ고歸ᄒᆞ다

弘이每朝會議에開陳其端ᄒᆞ야使人主自擇ᄒᆞ고 不肯面折廷諍ᄒᆞ니於是이上이察其行이 愼厚ᄒᆞ고辯論有餘ᄒᆞ고 習文法吏事ᄒᆞ고緣飾以儒術ᄒᆞ고大說之ᄒᆞ야 緣愈絹反 一歲中에遷至左內史ᄒᆞ다

弘이미양朝에會議ᄒᆞᆷ의그端을開陳ᄒᆞ야人主로ᄒᆞ야곰스ᄉᆞ로擇케ᄒᆞ고面으로折ᄒᆞ고廷에서諍ᄒᆞ기를肯치아니ᄒᆞ니이에上이그行이愼厚ᄒᆞ고辯論이餘가有ᄒᆞ고文法吏事를習ᄒᆞ고儒術로써緣飾ᄒᆞᆷ을察ᄒᆞ고크게說ᄒᆞ야一歲中에遷ᄒᆞ야左內史에至ᄒᆞ다

弘이奏事에有不可不廷辯어면 常與汲黯으로 請間ᄒᆞ야 黯이 先發之어든弘이隨其後ᄒᆞ니天子ㅣ常說ᄒᆞ야所言을 皆聽ᄒᆞ고以此로 益親貴러라

弘이事를奏ᄒᆞᆷ의不可不廷에서辯ᄒᆞᆯ것이有ᄒᆞ면일즉이汲黯으로더부러間을請ᄒᆞ야黯이먼져發ᄒᆞ거던弘이其後를隨ᄒᆞ니天子ㅣ常히說ᄒᆞ야言ᄒᆞᄂᆞᆫ바를다聽ᄒᆞ고이로써더욱親貴ᄒᆞ더라

弘이嘗與公卿으로約議ᄒᆞ고 至上前ᄒᆞ야 皆倍其約ᄒᆞ고 以順上旨어늘汲黯이廷詰弘曰齊人이多詐而無情實이니다始與臣等으로 建此議ᄒᆞ고今皆倍之ᄒᆞ니不忠이니이다

弘이일즉이公卿으로더부러議를約ᄒᆞ고上前에至ᄒᆞ야다그約을倍ᄒᆞ고써上의旨를順ᄒᆞ거ᄂᆞᆯ汲黯이廷에서弘을詰ᄒᆞ야日齊人이詐가多ᄒᆞ고情實이無ᄒᆞ니다비로소臣等으로더부러此議를建ᄒᆞ고今에다倍ᄒᆞ니忠치아니ᄒᆞ니이다

上이問弘ᄒᆞᆫ듸弘이謝曰夫知臣者ᄂᆞᆫ 以臣爲忠이오 不知臣者ᄂᆞᆫ 以臣爲不忠이니이다上이然弘言ᄒᆞ야益厚遇之러라 (出史弘本傳)

上이弘에게問ᄒᆞᆫ듸弘이謝ᄒᆞ야日무릇臣을知ᄒᆞᄂᆞᆫ者ᄂᆞᆫ臣으로써忠이라ᄒᆞ고臣을

知치못ᄒᆞᄂᆞᆫ者ᄂᆞᆫ臣으로써忠치안타ᄒᆞ리이다上이弘의言을然히ᄒᆞ야더욱厚히遇ᄒᆞ더라

(壬子)六年이라冬에 初筭商車ᄒᆞ다出本紀 陳季雅曰治財有道惟寬而大者爲能知之朝更夕變歲鍛月鍊用力於一時而計功於尺寸者足以敗天下之財而已矣漢武帝商功計利不遺錙銖而大司農每每告匱文帝躬行淵默無所更爲而腐紅貧朽波及於後世夫何其工者反拙而無所事事者顧收其效耶 凶奴ㅣ入上谷ᄒᆞ야殺略吏民이어ᄂᆞᆯ 遣將軍衛青ᄒᆞ야 出上谷ᄒᆞ고 公孫敖ᄂᆞᆫ 出代ᄒᆞ고 公孫賀ᄂᆞᆫ 出雲中ᄒᆞ고 李廣은 出鴈門ᄒᆞ야 各萬騎로 擊胡ᄒᆞ다

六年이라初에商車를筭ᄒᆞ다匈奴ㅣ上谷에入ᄒᆞ야吏民을殺略ᄒᆞ거ᄂᆞᆯ將軍衛青을遣ᄒᆞ야上谷으로出ᄒᆞ고公孫敖ᄂᆞᆫ代로出ᄒᆞ고公孫賀ᄂᆞᆫ雲中으로出ᄒᆞ고李廣은鴈門으로出ᄒᆞ야각각萬騎로胡를擊ᄒᆞ다

衛青은 至龍城ᄒᆞ야 得胡首虜七百人ᄒᆞ고 公孫賀ᄂᆞᆫ 無所得ᄒᆞ고 公孫敖李廣은 皆爲胡所敗ᄒᆞ어ᄂᆞᆯ 唯青을 賜爵關內侯ᄒᆞ다 以上出本紀及衛青傳

衛青은龍城에至ᄒᆞ야胡首虜七百人을得ᄒᆞ고公孫賀ᄂᆞᆫ得ᄒᆞᆫ바ㅣ無ᄒᆞ고公孫敖와李廣은다胡에게敗ᄒᆞᆫ바이되거ᄂᆞᆯ오직青을爵關內侯를賜ᄒᆞ다

青이 雖出於奴虜ㅣ나 然이나 善騎射ᄒᆞ고 材力이 過人ᄒᆞ고 遇士大夫以

(休)美也緖業也言紹先聖之休緖

(究)竟也

(當以不敬論)謂其不勤求士輔國二千石當率身化下令親宰牧無之賢人爲察勝任也不與廉待有輕重

禮ᄒᆞ고與士卒有恩ᄒᆞ니衆樂爲用ᄒᆞ고有將帥材故로每出에輒有功ᄒᆞ니天下ㅣ由此로服上之知人이러라

靑이비록虜奴에出ᄒᆞ나그러나騎射를善히ᄒᆞ고材力이人에過ᄒᆞ고士大夫를禮로써遇ᄒᆞ고士卒로더부러恩이有ᄒᆞ니衆이用됨을樂ᄒᆞ고將帥의材가有ᄒᆞᆫ故로미양出ᄒᆞᆷ의문득功이有ᄒᆞ니天下ㅣ此로由ᄒᆞ야上의知人ᄒᆞᆷ을服ᄒᆞ더라

(癸丑)元朔元年이라冬에詔曰朕이深詔執事ᄒᆞ야興廉擧孝ᄒᆞ야庶幾成風ᄒᆞ야紹休聖緖ᄒᆞ노니夫十室之邑에必有忠信이어ᄂᆞᆯ今或至闔郡而不薦一人ᄒᆞ니是ᄂᆞᆫ化不下究而積行之君子ㅣ壅於上聞也ㅣ라且進賢에受上賞ᄒᆞ고蔽賢에蒙顯戮은古之道也ㅣ니其議二千石이不擧者를罪ᄒᆞ라有司ㅣ奏ᄒᆞ되不擧孝ᄂᆞᆫ不奉詔ㅣ니當以不敬으로論ᄒᆞ고不察廉은不勝任이니當免이니다奏에可ᄒᆞ다 出本紀

元朔元年이라冬에詔ᄒᆞ야曰朕이깁히執事에게詔ᄒᆞ야廉을興ᄒᆞ고孝를擧ᄒᆞ야거의風을成ᄒᆞ야聖緖를아룸답게ᄒᆞ노니무릇十室의邑에도반다시忠信이有ᄒᆞ거ᄂᆞᆯ今에혹郡을闔ᄒᆞ야一人도薦치아니ᄒᆞᆷ에至ᄒᆞ니이ᄂᆞᆫ化가下로究치못ᄒᆞ고行을

免罷其職也

積ᄒᆞᆫ君子ㅣ上聞에壅ᄒᆞᆷ이라ᄯᅩ賢을進ᄒᆞᆷ에上賞을受ᄒᆞ고賢을蔽ᄒᆞᆷ에顯戮을蒙ᄒᆞᆷ은古의道니그議ᄒᆞ야二千石이擧치안는者를罪ᄒᆞ라有司奏ᄒᆞ되孝를擧치아니ᄒᆞᆷ은詔를奉치아니ᄒᆞᆷ이니맛당이不敬으로써論ᄒᆞ고廉을察치아니ᄒᆞᆷ은任을勝치못ᄒᆞᆷ이니맛당이免ᄒᆞ겟나이다奏에可라ᄒᆞ다

李廣을召拜爲右北平太守ᄒᆞ니匈奴ㅣ號曰漢之飛將軍이라ᄒᆞ고避之數歲에不敢入右北平이러라 出史記本傳

李廣을召ᄒᆞ야右北平太守를拜ᄒᆞ니匈奴ㅣ號ᄒᆞ야曰漢의飛將軍이라ᄒᆞ고避ᄒᆞᆫ지두어ᄒᆡ에감히右北平에入치못ᄒᆞ더라

臨淄人主父偃(主父複姓 父音甫)嚴安과無終人徐樂이(無終燕郡邑在蔚州蜚狐縣北七里本春秋山戎國名徐樂姓名索隱曰樂音岳)皆上書言事ᄒᆞ다

臨淄人主父偃과嚴安과無終人徐樂이다書를上ᄒᆞ야事를言ᄒᆞ다

始에偃이遊齊燕趙ᄒᆞ니皆莫能厚遇ᄒᆞ고諸生이相與排擯不容ᄒᆞᆫ대家貧ᄒᆞ야假貸를無所得이라乃西入關ᄒᆞ야上書闕下ᄒᆞ야朝奏暮召入ᄒᆞ니所言九事에其八事는爲律令이오一事는諫伐匈奴러라

始에假이齊와燕과趙에遊ᄒᆞ니다能히厚히遇ᄒᆞᄂᆞᆫ이가업고諸生이셔로더부러排擯ᄒᆞ고容치아니ᄒᆞᆫ대家가貧ᄒᆞ야假ᄒᆞ고貸홈을得홀바가無ᄒᆞᆫ지라이에西으로關에入ᄒᆞ야書를闕下에上ᄒᆞ야朝에奏홈이暮에召ᄒᆞ야入ᄒᆞ니言ᄒᆞᆫ바九事에그八事ᄂᆞᆫ律令이되고一事ᄂᆞᆫ匈奴를伐홈을諫홈이러라

（邊境之事）七國

嚴安이上書言ᄒᆞᄃᆡ今天下人民이用財侈靡ᄒᆞ고又今에徇南夷ᄒᆞ고朝夜郎ᄒᆞ고（夜郎國來朝）降羌僰ᄒᆞ고（蒲北反僰假國在馬胡江武帝使唐蒙鑿石開道以通南中置犍爲郡羌與僰並西南夷皆來降服羌三苗羌姓之別裔）略薉州ᄒᆞ야（薉古穢字貊也本朝鮮之地武帝滅之置滄海郡凡言略地謂行而取之也薉州是地名）建城邑ᄒᆞ고深入匈奴ᄒᆞ야燔其龍城ᄒᆞ니（燔燒也西胡皆事龍神故名大會處爲龍神在上谷郡北）此ᄂᆞᆫ人臣之和오非天下之長策也어니다

嚴安이書를上ᄒᆞ야言ᄒᆞᄃᆡ이졔天下人民이財를用ᄒᆞ기侈靡ᄒᆞ고또이졔南夷를徇ᄒᆞ고夜郎을朝ᄒᆞ고羌僰을降ᄒᆞ고薉州를略ᄒᆞ야城邑을建ᄒᆞ고깁히匈奴에入ᄒᆞ야그龍城을燔ᄒᆞ니이ᄂᆞᆫ人臣의和오天下에長策이아니니이다

徐樂이上書言ᄒᆞᄃᆡ天下之患이在於土崩ᄒᆞ니秦之末世ㅣ是也ㅣ라間者에關東이不登ᄒᆞ야民多窮困ᄒᆞ고重之以邊境之事ᄒᆞ니 摧數循

反亂而境外無助是爲瓦解

理而觀之컨ᄃᆡ 民不安者ᄂᆞᆫ 土崩之勢也ㅣ라 故로 賢主ㅣ 獨觀萬化之原ᄒᆞ고 明於安危之機ᄒᆞ야 循之廟堂之上而銷未形之患也ᄒᆞᄂᆞ니 其要ᄂᆞᆫ 期使天下로 無土崩之勢而已矣ㅣ니이다 以上出漢書本傳

徐樂이 書를 上ᄒᆞ야 言호ᄃᆡ 天下의 患이 土崩에 在ᄒᆞ니 秦의 末世가 是라 間者에 關東이 登치 못ᄒᆞ야 民이 窮困홈이 多ᄒᆞ고 邊境의 事로써 重ᄒᆞ니 數를 推ᄒᆞ고 理를 循ᄒᆞ야 觀컨ᄃᆡ 民이 安치 못ᄒᆞᆫ 者ᄂᆞᆫ 土崩의 勢라 故로 賢主ㅣ 홀로 萬化의 原을 觀ᄒᆞ고 安危의 機에 明ᄒᆞ야 廟堂의 上에 循ᄒᆞ야 未形의 患을 銷ᄒᆞᄂᆞ니 그 要ᄂᆞᆫ 天下로 ᄒᆞ야곰 土崩의 勢가 無홈을 期홀다름이니이다

書奏에 天子ㅣ 召見三人ᄒᆞ시고 謂曰公等은 安在완ᄃᆡ 何相見之晚也오 皆拜爲郞中ᄒᆞ다

書를 奏홈의 天子ㅣ 召ᄒᆞ야 三人을 見ᄒᆞ시고 일너 曰 公等은 어ᄃᆡ 잇섯관대 엇지 서로 見홈이 晚ᄒᆞᆫ고 다 拜ᄒᆞ야 郞中를 ᄉᆞᆷ다

主父偃이 尤親幸ᄒᆞ야 一歲中에 凡四遷ᄒᆞ야 爲中大夫ᄒᆞ니 大臣이 畏其口ᄒᆞ야 賂遺ㅣ 累千金이러라 以上出史記本傳文小異

主父偃이더욱親幸ᄒᆞ야一歲中에무릇四遷ᄒᆞ야中大夫가되니大臣이그口ᄅᆞᆯ畏ᄒᆞ
야賂遺ㅣ累千金이러라

詳密註釋通鑑諺解卷之三 終

詳密註釋 通鑑諺解 卷之三

重版 印刷●2001年 1月 10日
重版 發行●2001年 1月 15日

校 閱●明文堂編輯部
發行者●金 東 求
發行處●明 文 堂
서울특별시 종로구 안국동 17~8
대체 010041-31-001194
전화 (영) 733-3039, 734-4798
(편) 733-4748
FAX 734-9209
등록 1977. 11. 19. 제1~148호

값 6,000원
ISBN 89-7270-636-1 94910
ISBN 89-7270-049-5(전15권)

東洋古典解說
李民樹 著/신국판 양장

論語新講義
金星元 譯著/신국판 양장

原文對譯 **史記列傳精解**
司馬遷 著/成元慶 編譯/신국판

공자의 생애와 사상의 올바른 이해
공자의 생애와 사상
金學主 著/신국판

노자와 도가사상의 현대적 해석
노자와 도가사상
金學主 著/신국판

梁啓超
毛以亨 著/宋恒龍 譯/신국판

동양인의 哲學的 思考와 그 삶의 세계
宋恒龍 著/신국판

임어당의 신앙과 사상의 여정
東西洋의 사상과 종교를 찾아서
林語堂 著 · 金學主 譯/신국판

老莊의 哲學思想
金星元 編著/신국판

合本 四書三經
동양 고전의 精髓!
이 책은 오랜 각고의 세월을 거쳐 대학 · 중용 · 논어 · 맹자의 四書와 더불어 서경 · 시경 · 주역의 三經을 그 眞髓만을 모아 엮었다.
原文의 정확함은 물론 난해한 語句는 註를 달아 풀이 하였다.
白鐵 監修/4 · 6배판 양장

천하일색 양귀비의 생애
小說 **揚貴妃**
井上靖 著/安吉煥 譯

自然의 흐름에 거역하지 말라
장자의 에센스 **莊子**
安吉煥 編譯

仁과 中庸이 멀리에만 있는 것이드냐
孔子傳
김전원 編著

백성을 섬기기가 그토록 어렵더냐
孟子傳
安吉煥 編著

영원한 신선들의 이야기
神仙傳
葛洪稚川 著/李民樹 譯

한 권으로 읽는
東洋古典 41選
안길환 편저

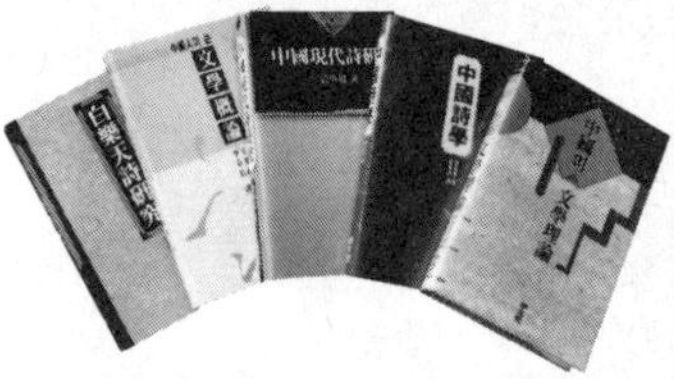

白樂天詩研究
金在乘 著/신국판

中國現代詩研究
許世旭 著/신국판 양장

中國人이 쓴 文學概論
王夢鷗 著/李章佑 譯/신국판 양장

中國詩學
劉若愚 著/李章佑 譯/신국판 양장

中國의 文學理論
劉若愚 著/李章佑 譯/신국판 양장

小說 **孫子**
鄭麟永 著/文熙奭 解

小說 **칭기즈칸**
李文熙 著/高炳翊 解

小說 **孔子**
宋炳洙 著/李相殷 解

小說 **老子**
安東林 著/具本明 解

戰國策
김전원 編著

宋名臣言行綠
鄭鉉祐 編著

人間孔子
행동으로 지팡이를 삼고
말씀으로 그림자를 삼고
李長之 著/김전원 譯

新譯 後三國志

인간 군상의 다채로운 대서사시

보라! 천추의 한을 품고
불모의 땅으로 피했던 촉한의 후예들이
다시 칼을 갈고 힘을 길러 중원에서 벌이는
지혜와 용맹의 각축전을……

제1권 망국원한편 제4권 진조멸망편
제2권 와신상담편 제5권 권세변전편
제3권 촉한부흥편

李元燮 譯/신국판/전5권

新譯 反三國志

모든 正史는 거짓이다!

反三國志는 正史의 허구를
날카롭게 파헤친
三國志 속의 반란이다.

역사의 수레바퀴가 어디로 굴러가는지
그 누구도 알 수 없다.
단지 우리는 예측할 뿐이다.
전후 사백 년을 거쳐 번영을 누린 한제국도
후한 말 쇠퇴일로를 걷게 되는데……

周大荒 著/鄭鉉祐 譯/전3권

小說 楚漢誌

역사 속의 명작!

역사의 뒤안으로
사라져 간 영웅들

바야흐로 수많은 영웅 호걸들이
우후죽순처럼 일어나 천하의
패권을 놓고 다툴 때
역사의 수레바퀴를
돌려놓은 자는 누구인가?

金相國 譯/신국판/전5권

儒林外史

사회, 정치풍자소설의
古典 유림외사

《阿Q正傳》의 작가 루쉰이
중국 풍자소설의
효시라고 극찬한 《儒林外史》!
《삼국지》·《수호지》를
능가하는 다양한
인간군상들의 활극장!

중국 풍자소설의 진수!

부귀공명의 언저리를 장식하는 아부·교만·권모술수,
그리고 그 속에 우뚝 선 청아한 인격자들!
유림외사는 인간이 보여줄 수 있는 최고의 아름다움과
추함에 대해 풍자의 칼을 대고 있어, 개인주의의 첨단을
달리고 있는 현대인들에게 깊은 감동과 지혜를 준다.

吳敬梓 著/陳起煥 譯/신국판/전3권

后宮秘話

삼천삼백년의 장구한
중국역사를 화려하게,
피눈물나게 장식했던
후궁·궁녀들의
사랑·횡포·애증, 그리고
권모술수의 드라마!

경국지색들의 실체 해부

중국의 역대 제왕들은 어느 궁녀를 사랑해야 할지 몰라
기상천외의 방법들을 생각해 냈고, 후궁과 궁녀들은
제왕들의 눈에 들기위해 눈물겨운 사투를 벌이게 된다.
은나라의 '달기'에서부터 청말의 '서태후'까지,
역대 왕조의 흥망에 지대한 영향을 끼쳤던 여인들의
파란만장한 일대기!

成元慶 編著/신국판/전3권

東洋古典原本叢書

原本備旨 **大學集註**(全) 金赫濟 校閱

原本備旨 **中庸**(全) 金赫濟 校閱

原本備旨 **大學・中庸**(全) 金赫濟 校閱

原本 **孟子集註**(全) 金赫濟 校閱

原本備旨 **孟子集註**(上・下) 金赫濟 校閱

正本 **論語集註** 金星元 校閱 값 3,900원

懸吐釋字具解 **論語集註**(全) 金赫濟 校閱

原本備旨 **論語集註**(上・下)申泰三 校閱

原本集註 **周易** 金赫濟 校閱

備旨具解 **原本周易**(乾・坤)明文堂編輯部

原本集註 **書傳** 金赫濟 校閱

原本集註 **詩傳** 金赫濟 校閱

原本懸吐備旨 **古文眞寶前集**黃堅 編 金赫濟 校閱

原本懸吐備旨 **古文眞寶後集**黃堅 編 金赫濟 校閱

懸吐 **通鑑註解**(전3권) 司馬光 撰

原本 **史記五選** 金赫濟 校閱

詳密註解 **史略諺解**(전3권) 明文堂編輯部 校閱

詳密註解 **史略諺解**(全) 明文堂編輯部 校閱

原本集註 **小學**(上・下) 金赫濟 校閱

原本 **小學集註**(全) 金星元 校閱

東洋古典은
계속
출간됩니다.

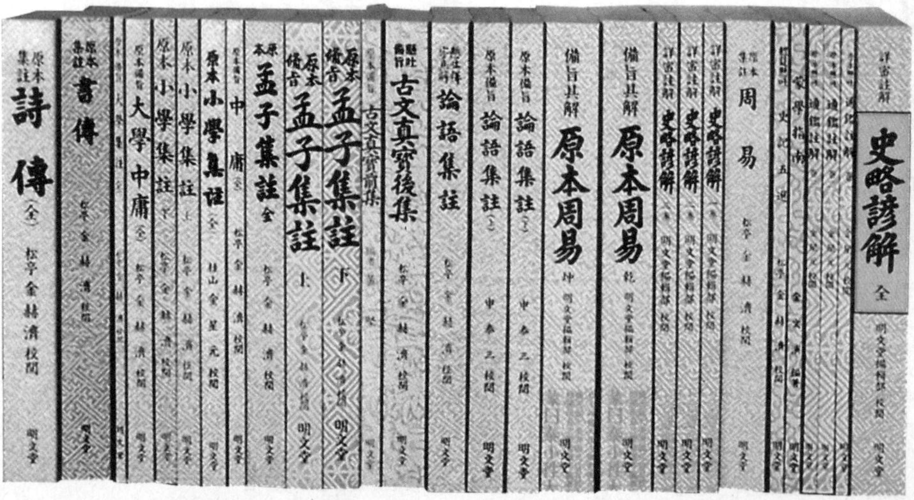